我、かく闘えり

東日本大震災と日本の消防

（消防庁長官としての体験を中心に）

久保信保

近代消防社 刊

[illegible]

はじめに

東日本大震災からまもなく4年を迎えようとしている。その大地震は、１９００年以後に起きた地震の中で世界で4番目に大きなものとなり、未曽有の大津波が、東日本の沿岸部を襲い、死者・行方不明者2万人を超える大惨事を引き起こした。避難誘導などに携わっていた2百数十人もの消防職団員も殉職した。

私は、この大震災にあたって、消防組織法に規定する指示権を行使して、緊急消防援助隊を出動させた初めての消防庁長官となり、全国の消防職員の5人に1人が被災地に応援のため出動した。東京電力の福島第一原子力発電所の事故に対しても、東京消防庁始め大都市の消防本部が連携して放水活動に従事した。

東日本大震災の後、国や地方公共団体などの各部門において、この大震災を教訓に各種の計画の見直しが進められ、危機管理体制の強化が図られようとしている。ただ、その見直しは、当然のことだが、平常時に行われており、場合によっては体験者がいない中でなされることもあるだろう。私は、消防庁長官として東日本大震災に直面し、現実に、法律にもマニュアルにも描かれていない世界で、刻一刻と次々に決断を迫られていった。

元々、私は、自治省（今の総務省）に入った事務官であり、消防の専門家ではない。若い頃、消防庁の危険物規制課の課長補佐を務めたことがあったが、その後、広島県に、課長から副知事まで通算13年間奉職した。東京に戻ってからは、自治行政局で市町村合併の推進や住民基本台帳ネットワークシステムの構築等に携わった後、選挙部長や自治財政局長などを経て、消防庁長官に就任した。

消防の経験は少なかったものの、いろんな局面で、絶えず、危機管理の仕事に携わってきた。消防庁長官として東日本大震災に遭遇したとき、これは天命なのだと思った。それまでに公務員として経験してきたことは、すべて、この日のための訓練だったとさえ思えた。

この東日本大震災を上回る規模になると予想される東海・東南海・南海地震いわゆる南海トラフ巨大地震や、阪神・淡路大震災のような首都直下地震は、近い将来に起きる可能性が極めて高いと言われている。また、昨年は、死者74人に及ぶ広島土砂災害や死者・行方不明者63人にのぼった御嶽山の噴火が生じた。台風はますます大型化し、集中豪雨や豪雪は毎年激化する傾向にあり、火山噴火や竜巻は珍しくなくなってきた。

私は、東日本大震災の8か月前に消防庁長官に就任し、大震災をはさんで2年2か月にわたってその職責にあった。東日本大震災を始めとする在任中の様々な体験や幾多の思いを将来に語り継いでいくことが、退官後の私の最も重要な使命だと考え、本書もその一環として執筆したものである。東日本大震災での対応を記録に残し、在任中の政策決定や政策変更の理由・背景を説明することで、我が国の消防の現状と課題が明らかにできればと考えている。

全国の消防防災の関係者や消防防災に関心をお持ちの皆様には、当時の消防庁長官が何を考え、判断を下していたのかをお伝えできればと思っており、また、広く一般の皆様には、我が国の消防がどんなものなのか、その一端なりともわかっていただければ幸いである。消防庁では、今や東日本大震災を体験していない職員がほとんどになった。消防庁の現役の皆さんや全国の消防機関の皆さんには、本書が参考になり、国民の皆様の安心・安全のため今後の消防防災行政に、より一層ご尽力されんことを心から期待する。

平成27年新春

久保　信保

目次

第1章　東日本大震災と消防の活動

1　東日本大震災の特徴

被害のほとんどは津波が原因

東日本大震災（地震としての正式名称は東北地方太平洋沖地震）は、平成23年3月11日㈮14時46分に、太平洋三陸沖を震源として長さ約450㎞、幅約200㎞という広大な範囲にわたって、断層が連続して破壊されることで引き起こされたものであり、モーメントマグニチュード9・0という1900年以後に起きた地震のうち、世界で4番目に大きなエネルギーを持つ巨大地震であった。

東京・大阪の直線距離は約400㎞であり、その切迫性が懸念されている南海トラフによる東海・東南海・南海の三連動地震の断層の長さは約600㎞とされている。東日本大震災は、この三連動地震に匹敵する程のものであり、極めて広範囲にわたって震源域が生じたことがわかる。エネルギーの強さを示すマグニチュードは、0・2増すと大きさが倍になり、阪神・淡路大震災（当時は国内で使用されていたいわゆる気象庁マグニチュードで7・3とされたが、国際的に広く使われているモーメントマグニチュードでは6・9）の実に1、450倍だったと

市町村別震度一覧（「平成23年版消防白書」より）

震度	都道府県	市町村
7	宮城県	栗原市
6強	宮城県	涌谷町、登米市、美里町、大崎市、名取市、蔵王町、川崎町、山元町、仙台市、石巻市、塩竈市、東松島市、大衡村
	福島県	白河市、須賀川市、国見町、鏡石町、天栄村、楢葉町、富岡町、大熊町、双葉町、浪江町、新地町
	茨城県	日立市、高萩市、笠間市、常陸大宮市、那珂市、筑西市、鉾田市、小美玉市
	栃木県	大田原市、宇都宮市、真岡市、市貝町、高根沢町
6弱	宮城県	気仙沼市、南三陸町、白石市、角田市、岩沼市、大河原町、亘理町、松島町、利府町、大和町、大郷町、富谷町
	福島県	福島市、郡山市、二本松市、桑折町、川俣町、西郷村、中島村、矢吹町、棚倉町、玉川村、浅川町、小野町、田村市、伊達市、本宮市、いわき市、相馬市、広野町、川内村、飯舘村、南相馬市、猪苗代町
	茨城県	水戸市、土浦市、石岡市、常総市、常陸太田市、北茨城市、取手市、つくば市、ひたちなか市、鹿嶋市、潮来市、坂東市、稲敷市、かすみがうら市、桜川市、行方市、つくばみらい市、茨城町、城里町、東海村、美浦村
	栃木県	那須町、那須塩原市、芳賀町、那須烏山市、那珂川町
	岩手県	大船渡市、釜石市、滝沢村、矢巾町、花巻市、一関市、奥州市
	群馬県	桐生市
	埼玉県	宮代町
	千葉県	成田市、印西市

（気象庁資料）

言われる。

この東日本大震災の最大の特徴は、震源が陸地部から遠く離れた三陸沖（仙台市の東方約70㎞）であったため、人的被害、物的被害のほとんどが津波によるものであり、揺れによって建物が倒壊し、その下敷きになってお亡くなりになったり、ガス管が爆発し、大火となってお亡くなりになった直下型地震の阪神・淡路大震災とは全く異なったタイプの地震だったということである。

火災は３３０件生じているが、その多くは、揺れに起因するものではなく、揺れの後に来た津波が去ってから生じている。つまり、津波によって破壊された自

火災発生件数330件内訳表

火災発生件数	うち岩手県	うち宮城県	うち福島県
330件	33件	137件	38件

※火災の多くは、津波に起因するものと考えられる。

人的被害及び住家被害の状況（「平成26年版消防白書」より）

人的被害	うち岩手県	うち宮城県	うち福島県
死　　者：19,074名	5,115名	10,496名	3,352名
行方不明者：　2,633名	1,132名	1,271名	226名
負　傷　者：　6,219名	211名	4,145名	182名

住家被害	うち岩手県	うち宮城県	うち福島県
全　　壊：127,361棟	19,107棟	82,992棟	21,224棟
半　　壊：273,268棟	6,609棟	155,122棟	73,764棟
一部破損：762,277棟	18,827棟	224,158棟	161,139棟

動車やガソリンスタンドから流失したガソリンが、何らかの要因で引火し、火事になったのではと思われる。

福島原発事故も主因は津波

東京電力の福島第一原子力発電所の事故も、その主因は揺れではなく津波と考えられている。揺れで東北電力から来ている外部電源である電線が切れ、配管なども一部破損したが、あれだけの事故になったのは、その後到来した津波によって非常用電源を含む全電源が失われ、冷却システムが作動しなくなったことによるものである。

核燃料棒は、原子炉の中でも、使用済みの棒を入れるプールの中でも、水に浸してある限り、何の問題も生じないが、水から出てしまうと放射性物質を外部に放出させるのである。福島第一原発の事故は、事故処理に今後長期間を要する見込みであり、東日本大震災が極めて特異な災害であるのは、発災後4年を経過した今日もなお災害が継続しているということであろう。

負傷者より遙かに多い死者数

東日本大震災でお亡くなりになった方や行方不明者の方は、避難所などでその後お亡くなりになった震災関連の方を含め、2万人を超える誠に痛ましい結果となった。また、負傷された方は、負傷者の集計ができなかった市町村があるものの、約6、200人にとどまっており、死者約6、400人、負傷者約4万3、000人の阪神・淡路大震災との大きな違いが、被害者の内訳に表れている。

大きな事故や災害の場合（飛行機事故などを除けば）、多くのケースは阪神・淡路大震災のように、死者よりも負傷者の方が多いというものだろうが、東日本大震災では、負傷者より死者の方が遙かに多くなっている。津波が襲来し、それにのまれたか、のまれなかったか…。被害者の内訳も、東日本大震災は、津波による被害が最大の特徴だったことを暗示している。

2　大津波とそれへの対応

宮古ではほぼ100％津波の被害

東日本大震災が起きたとき、私は、消防庁長官室で会議をしていたが、5分以上にわたる激しい揺れに「首都直下地震がきた」と思った。テレビをつけると震源は三陸沖ということだったので、東京でこれ程の揺れだから、東北地方には相当大きな被害が出ているのでは…、特に津波は大丈夫か…と案じた。

揺れが収まるや否や、消防庁の災害対策本部となる危機管理センターに駆けつけ、自分の席に座ったまま、秘書が持ってきた防災服に着替えた。夕刻、ようやく仙台市の高橋文雄消防局長と電話で話ができたが、「仙台市の沿岸部は津波で壊滅的であり、宮城県全体では犠牲者は1万人にのぼるのではないか」と聞き、衝撃を受けた。

その後に、各被災地に赴き状況を確認したが（第1章11参照）、宮古市の鍬ケ崎《くわがさき》地区では、殉職した救急隊員の御霊に献花した後、海抜30mの崖の上にたつ墓地を訪れた。ここでは、中央部の墓石は津波で全て押し流され、崖下にあった自動車が打ち上げられていたが、やや高台となっている左右の場所にある墓石は、全くビクともしていなかった。山本正徳市長が「宮古では人的被害・物的被害は、ほぼ100%揺れではなく津波で生じた」と語っておられたのを鮮明に覚えている。

リアス式海岸での被害と平地部での被害

三陸沖で発生した津波の最大波は、震源に近い岩手県中部や宮城県では30分から40分で到達し、福島県では1時間近くかかって到達した。リアス式海岸で平地の少ない岩手県中部では、平地を全てのみ込んだうえ山を駆け上がって海抜30mから40mまで達した。

岩手県南部や宮城県のように平地が広い所では、津波の高さは10mから20mであったが、平地の奥深くまで浸水した。陸前高田市を流れる気仙川では、海から遠く離れた山あいの16kmまで津波が遡上したと言われている。

仙台市では、広瀬川、名取川で10kmほど遡上したとされ、陸上では海岸から4km乃至5km地点まで浸水し大きな被害が出た。仙台東部道路が堤防の役割を果たさなかったら、さらに奥深く浸水したと言われている。海から5km乃至6kmほどにある陸上自衛隊霞目駐屯地の近くに「浪分（なみわけ）神社」というお稲荷さんがあるが、これは、貞観地震（869年）あるいは慶長三陸地震（1611年）に伴う大津波がここまで到達したことを示すために建てられたそうだ。

リアス式海岸では、津波は山まで駆け上がり、犠牲者が数多く生じたが、山に逃げることのできた住民もおられた。一方、平地部では津波の高さはそれほどではなかったにせよ、奥深くまで浸水したことによって、石巻市や陸前高田市のように数多くの犠牲者がでた。

地域防災計画の見直しと防災意識の向上

国の中央防災会議で作成する防災基本計画でも、地方公共団体の作成する地域防災計画でも、大津波に関する記述が少なかったため、消防庁としては、まず、発災直後の平成23年5月6日付消防庁長官通知で、各地方公共団体に対し、防災体制を緊急点検し、特に津波対策を急ぐよう要請した。その後、防災基本計画の修正の検討を行うことになった中央防災会議での議論と並行して、地震・津波対策の充実・強化に関する検討会を設け、消防審議会での議論も踏まえ、同年12月27日に地域防災計画を見直す際の留意点を取りまとめた。

市町村では、都道府県の作成する津波浸水想定区域図を踏まえて、避難対象地域等の指定を行い、避難場所や避難経路を設定した津波避難計画を住民の参加の下に早急に策定することが求められる。

そして、何より最も大事なことは、地域住民の方々が自らその身を守るための意識を高めていくことであり、市町村始め行政がその動きを支援することであろう。東日本大震災では、「釜石の奇跡」とその後呼ばれることとなったが、同市の小中学生による日頃の防災教育の成果から、浸水想定区域外の子供たちも警報を待たず逃げ、ほとんどの子供たちが無事だったと言われている。

自治会・町内会や学校区単位などで、地域住民の方々が常日頃から議論を重ね、いざというときの役割分担を決め、避難行動計画を作り、避難訓練まで何度も行っていく。行政は、こうした話し合いの場作り、いわゆる自主防災組織の結成を支援し、消防団や消防本部などの専門家をコーディネーターとして派遣すべきであろう。さらに、繰り返しになるが、行政は、津波に限らず、災害の種類ごとに、避難場所や避難経路を整え、常日頃から住民にその情報を提供するとともに、いざというときの住民への確実で迅速な情報伝達の方法を整備しなければならない。

具体的な取組への動き

消防庁長官を退官した後の平成24年10月に、南海トラフ巨大地震の際に大津波の襲来が懸念される高知県中土佐町を訪れる機会があった。ここでは、各地区に自主防災組織が結成され、避難訓練までなされていた。当地は、三陸と同様のリアス式海岸で、山が近い地区では山道を避難路として整備し、定員500人の避難タワー2棟の建設が計画されていた。

ただ、リアス式海岸ではなく、平地が奥深く広がるような地域では、避難タワーの整備にも限界があるであろう。このような地域では、公共施設のみならず、マンションなどの民間施設とも協定を結び、いざというときには、その非常階段や屋上に地域住民を収容してもらうようにすることも重要であろう。

こうした津波避難ビルの指定が、東日本大震災後の2年間で4倍の7，200棟を超えたとの報道を覚えているが、地方公共団体や地域住民の方々に危機意識が広がっていることがうかがえる。

3　地元消防の活動

消防の実働部隊は市町村

東日本大震災における消防機関の活動を振り返ってみよう。まず、消防組織法は第1条で「国民の生命、身体及び財産を火災から保護するとともに、水火災又は地震等の災害を防除し、及びこれらの災害による被害を軽減するほか、災害等による傷病者の搬送を適切に行うこと」が消防の任務だと規定しており、典型的には、消火、救助、救急搬送がその中心である。そして、同法第6条は「市町村は、当該市町村の区域における消防を十分に果たすべき責任を有する」と規定し、消防は市町村が行い、しかも、住民だけではなく、旅行者や外国人などその区域にいる者全てを守ることを明らかにしている。

詳しくは第2章3及び4で述べることにするが、こうした消防機関には常備消防である消防本部・消防署と非常備である消防団とがあり、常備消防は、現在、全国で752消防本部〈平成26年4月1日現在〉、約16・1万人を擁し、非常備は2、221消防団〈平成26年4月1日現在〉、約86・4万人となっている。

常備消防の数が市町村数（全国で1、718〈平成26年4月5日現在〉）より少ないのは、小さな市町村では、複数が一部事務組合や広域連合を設立して共同で消防本部を設けたり、小さな市町村が大きな市町村の本部に消防事務を委託しているからである。

因みに、職員数約1・8万人を擁する我が国最大の消防本部である東京消防庁も、旧東京市にあたる23区が連合した消防本部であり、都内の多くの市町村がこれに消防事務を委託しているため、あたかも東京都の消防本部のように見えるが、市町村消防の例外ではない（第4章2参照）。

また、消防団の数が市町村数より多いのは、最近の市町村合併の影響で、今なお合併前の単位で、消防団が存在する市町村があるからである。

県内、県外の応援体制

通常、火災などの災害が起きたとき、まず地元の消防団や消防本部が現地に駆けつけるが、大規模な災害の場合は、応援協定に基づいて近隣の市町村などからなる県内応援隊が応援出動する。

さらに大規模な災害が発生した場合は、消防庁が介在して、都道府県ごとに編成した緊急消防援助隊が県外から応援に駆けつける。この緊急消防援助隊は、平成7年の阪神・淡路大震災の教訓から設けられた仕組みで、平成15年に消防組織法に明記された。今回の東日本大震災では、地震発生とともに地元消防機関が行動を開始し、それぞれの県内応援隊が駆けつけ、緊急消防援助隊も、法制化以来初めて、消防庁長官の指示によって応援に赴いた。

広域消防応援

通常の火災・事故・災害の場合

○当該市町村の消防で対応

全国の消防本部数　７５２本部
全国の消防職員数　１６万1,２４４人
全国の消防団数　2,２２１団
全国の消防団員数　８６万4,３４７人

※消防本部数・消防団数は、平成26年４月１日現在
※消防職員数・消防団員数は、平成26年４月１日現在

大規模な火災・事故・災害の場合

○消防相互応援協定に基づき近隣市町村（県外を含む。）や県内市町村から消防の応援

同一都道府県内の市町村のみの協定数　1,602
都道府県外の市町村を含む協定数　603

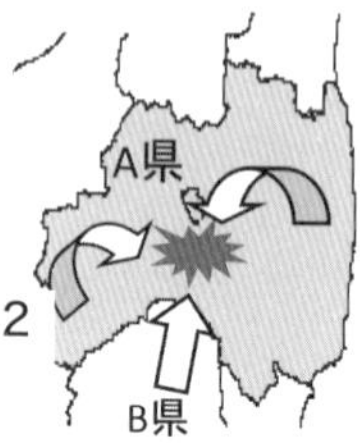

(平成26年４月１日現在)

より大規模な火災・事故・災害の場合

緊急消防援助隊（平成 26 年４月１日現在登録状況 4,694 隊）

大規模・特殊災害発生時における人命救助活動等を効果的かつ迅速に実施する消防の援助体制を国として確保

【創設の経緯等】

・阪神・淡路大震災での教訓を踏まえ、平成７年に創設。

・平成15年６月消防組織法の改正により、緊急消防援助隊を法律上明確に位置付け、消防庁長官の指示による派遣が可能に

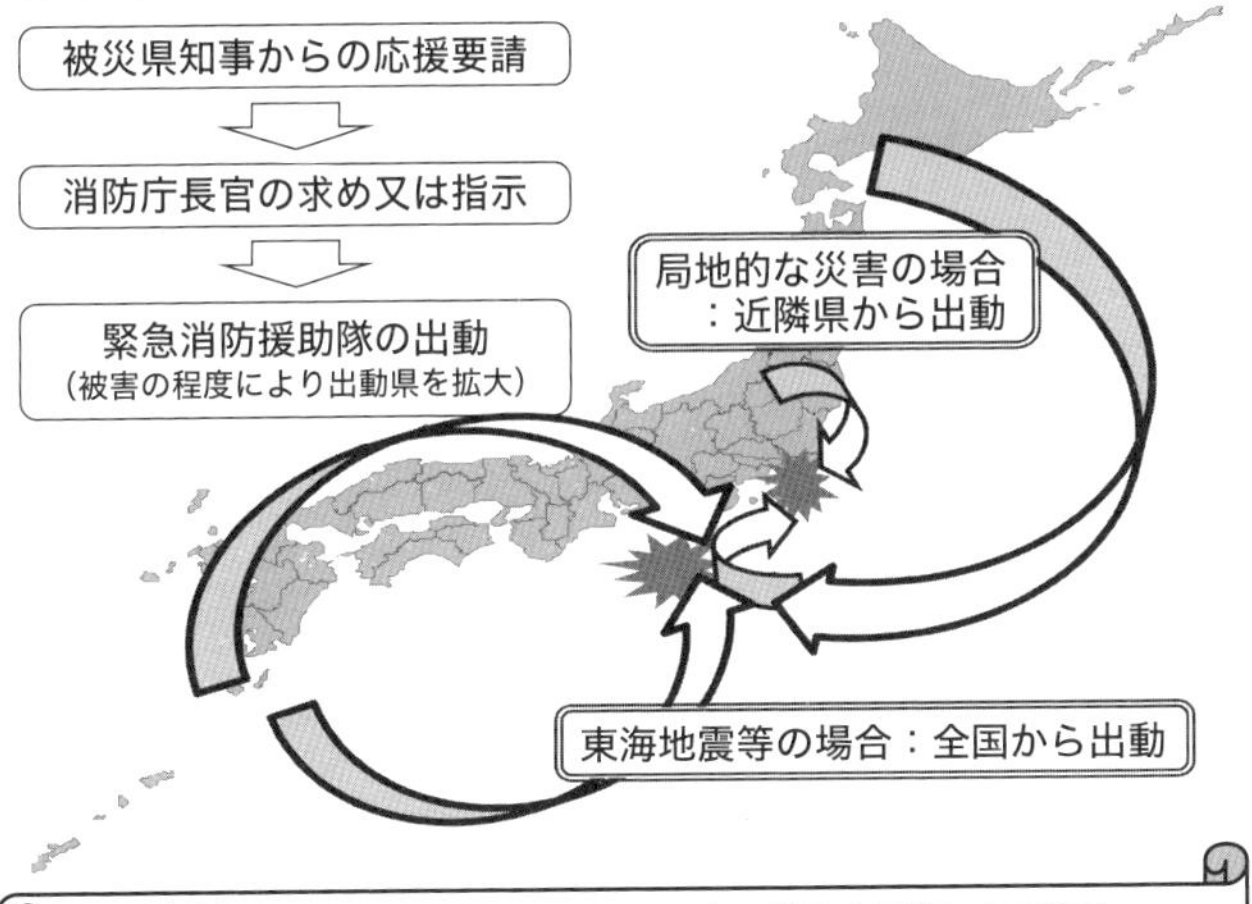

出動事例　　※初の消防庁長官による指示

地震 ― 新潟県中越地震（H16）、**東日本大震災（H23）**

水害 ― 新潟・福島豪雨（H16）、福井豪雨（H16）、伊豆大島（H25）

救助 ― ＪＲ西日本福知山線列車事故（H17）、等　（計 27 事例）

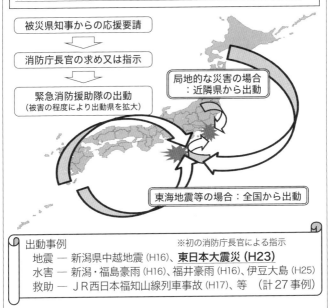

地元消防の活動と被害

被災地の消防本部では、津波警報の伝達や住民の避難誘導、消火、救助、救急搬送などの対応を行うとともに、地元に密着した消防団では、これらの活動のほか、防潮堤の閉鎖等の水防活動にも携わった。そして、地元消防は、県内・県外の応援隊の協力も得て5、000人を超える多くの人命を救助した。

ただ、多くの住民を巻き込んだ大津波は、消防職員や消防団員にも容赦なく襲いかかり、前例を見ないほどの甚大な被害をもたらした。常備消防の消防職員では27人の死者・行方不明者が生じ、非常備の消防団員では254人の死者・行方不明者が生じた。

主な被災県の消防機関の被害状況

【消防本部の主な被害】 (平成26年9月1日現在)

消防職員	死者・行方不明者：27人（うち殉職者26人）
建物被害（全壊、半壊又は一部損壊）	消防本部・消防署：143棟 分署・出張所：161棟
車両等被害	車両：86台、消防艇：2艇、*県防災ヘリ1機

【消防団の主な被害】 (平成26年9月1日現在)

消防団員	死者・行方不明者：254人（うち殉職者198人）
建物被害（使用不能）	消防団拠点施設（詰所等）：419か所
車両等被害	車両：252台

* 仙台市消防ヘリポート（仙台市若林区）に駐機中の宮城県防災航空隊ヘリコプターが津波により流され、使用不能となっている。

公務災害の認定を受けた殉職者は、消防職員で26人、消防団員では198人にのぼった。

報道によると、例えば、岩手県大槌《おおつち》町の消防団第2分団は、防潮堤の門扉を閉じ、住民を避難させようと最後まで海辺にとどまり、団員のAさんは「半鐘」を鳴らし続けながら、津波にのみ込まれた。宮城県名取市の消防団員Bさんは、消防車の助手席で右手にマイクを握りしめたまま遺体で発見されたという。

消防団員の場合、死者・行方不明者数と殉職者数に差があるのは、通常の仕事に従事しておられる間に被害にあわれた方がおられたためだが、消防団員にこれ程の犠牲者が生じたのは、消防団は、まさに地域密着であること（そもそも地元そのもの）のほか、消防機関での役割分担上、堤防の見回りなどの水防事務はまず消防団が行うとされていたことや、水防法上の水防団を消防団が兼ねていたことなどによるものであろう。

安全対策の一層の向上

消防職団員の初動活動や安全対策を一層向上させる必要があるため、消防審議会の平成24年1月30日の答申を踏まえ、消防職員については、同年4月に「大規模災害発生時における消防本部の効果的な初動活動のあり方検討会」から、消防団員については、同年8月に「東日本大震災を踏まえた大規模災害時における消防団活動のあり方等に関する検討会」から、ともに、消防職団員の身に津波による危険が迫れば、自らも退避するということを基本に、住民の避難誘導を行うという方針を明確に打ち出していただいた。

また、東日本大震災においては、凄惨な現場も多く、活動にあたった多くの消防職団員に惨事ストレスの発生が懸念されたため、消防庁から「緊急時メンタルヘルスサポートチーム」を派遣することにしたが、さらに、平成24年度は、消防庁内に「大規模災害時等に係る惨事ストレス対策研究会」を設置し、消防職団員の惨事ストレス対策の充実・強化を図ることにした。

活動可能時間の判断例（「平成24年版消防白書」より）

① 災害発生場所（地点）までの出動（移動）時間
② 災害発生場所から直近の安全退避場所への退避（移動）時間
③ 安全時間（想定外の事案発生も含めて、安全確実に退避するための予備時間。例：○○分前退避完了）
④ 津波到達予想時間までの時間

※活動可能時間が終了すれば活動途中でも退避する。

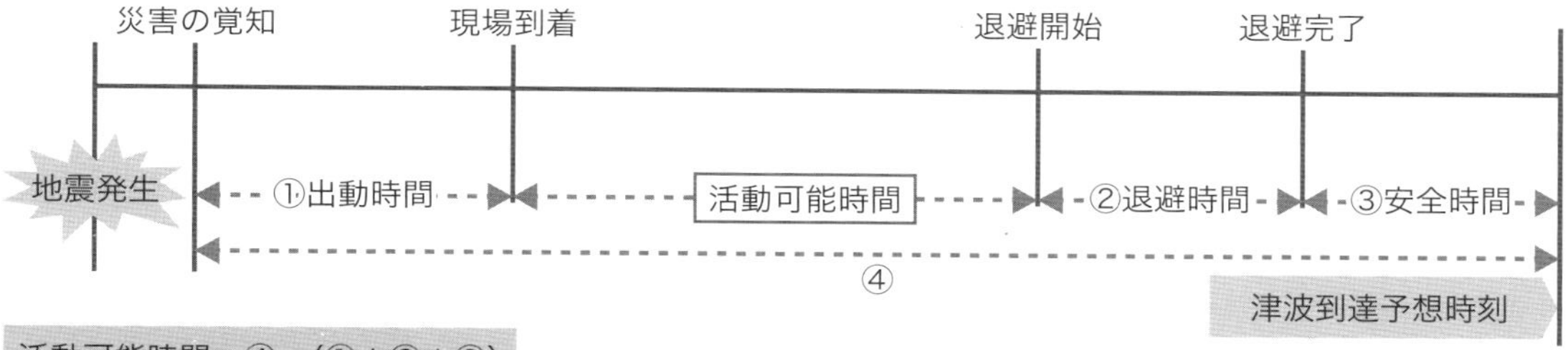

活動可能時間＝④－（①＋②＋③）

4　緊急消防援助隊の派遣

災害対策本部の設置

平成23年3月11日㈮14時56分、東日本大震災の発災と同時に、消防庁危機管理センターに私（消防庁長官）を本部長とする災害対策本部を設置し、震度6弱以上を観測した都道府県に対して、適切な対応を行うとともに、被害の状況を報告するよう要請した。また、該当する都道府県内の各消防本部に対しても、直接、被害の状況等を問い合わせた。

ただ、発災の初期は、通信回線の途絶などによって電話等が繋がりにくい状態となり、都道府県とは、現在、私が理事長を務める自治体衛星通信機構（詳しくは第3章2参照）の衛星回線（地域衛星通信ネットワーク）によって交信できたものの、被災地全ての消防本部との連絡は、翌12日朝を待たねばならなかった。

消防庁では、東京23区内で震度5強又は全国いずれかの地域で震度6弱以上の地震が生じたときは、消防庁長官を本部長とし、職員全員がフルシフトで参集する災害対策本部を設けることにしており、最大震度7（宮城県栗原市）の今回の地震では、即時にこの体制に入った。政府全体としては、発災直後から、関係各省庁の局長級（消防庁は次長）からなる緊急参集チームが官邸対策室に招集され、11日15時14分には、災害対策基本法（昭和36年制定）に基づき、同法制定以来初めてとなる内閣総理大臣を本部長とする緊急災害対策本部が設置された。

消防庁の危機管理センターには、片山善博総務大臣始め、副大臣や政務官に駆けつけていただいたが、災害対策の指揮を執り、種々の決定を迅速に行う上で、総務省最高幹部の意向が即座に確認できたことは誠に心強い限りであった。

発災当初は正確な状況の把握は困難であったものの、気象庁の警報や各種報道なども勘案すれば、被災地以外の都道府県からの応援部隊である緊急消防援助隊の大規模な投入が不可避であると考え、まず、発災から1時間足らずの15時40分に20都道府県の緊急消防援助隊に対し、被災地への出動を指示した。

緊急消防援助隊とは

緊急消防援助隊は、被災地の消防力では対応困難な大規模災害が発生したときに、消防庁長官の「求め」又は「指示」によって被災地に派遣される全国的な応援の制度である。消防組織法は、第44条第1項、第2項及び第4項で、消防庁長官の「求め」による出動を定め、同条第

5項で、「指示」による出動を定めている。

「求め」による出動は、地震、台風、水火災等の非常事態の場合において、①被災地の知事から要請があった場合（第1項）、又は②緊急を要し、上記①の要請を待ついとまがないと認められる場合（第2項）に、いずれも被災地以外の都道府県知事に対してなされるケースと、③上記①又は②の場合で、特に緊急を要し、応援出動等の措置を的確かつ迅速にとる必要があると認められるときに、直接、被災地以外の市町村長に対してなされるケース（第4項）とに分けて規定されており、通常は①によって出動している。

私が東日本大震災で初めて行った「指示」

消防庁長官による緊急消防援助隊の出動指示一覧

（「平成23年版消防白書」より）

対応	月日	出動指示	派遣
1次出動指示	3月11日	15時40分	東京、新潟、群馬、埼玉、神奈川、富山、山梨、長野、静岡、岐阜、愛知、滋賀、三重、兵庫、京都、山形、奈良、大阪、秋田、北海道【計 20都道府県】
2次出動指示	3月11日	23時15分	石川、福井【計 2県】
3次出動指示	3月12日	6時 8分	和歌山、鳥取、島根、広島、岡山、栃木【計 6県】
4次出動指示	3月13日	22時00分	青森、千葉【計 2県】
5次出動指示	3月14日	11時25分	福岡、香川、佐賀、大分、愛媛、山口、高知、宮崎、徳島、長崎、熊本、鹿児島、沖縄【計 13県】
6次出動指示	3月25日	8時30分	茨城【計 1県】

による出動は、著しい地震災害その他の大規模な災害又は毒性物質の発散その他の政令で定める原因により生じる特殊な災害に対処するため、特別の必要があると認められるときに、被災地以外の知事又は被災地都道府県内の被災地以外の市町村長に対してなされるものである（第5項）。政令（緊急消防援助隊に関する政令）で定める原因は、毒性物質の発散、生物剤又は毒素の発散、放射性物質又は放射線の異常な水準の放出又は発散のおそれがある事故とされている。

消防組織法第45条は、総務大臣が、緊急消防援助隊の編成及び施設の整備等に係る基本的な事項に関する計画を策定することとし、消防庁長官が、知事又は市町村長からの申請に基づいて登録すると定めている。具体的には、消火部隊、救助部隊、救急部隊等の部隊ごとに、平時から各消防本部が消防庁に対し、自分たちはいざというときには、これだけの部隊を応援に出せる旨の登録を任意で行ってもらっており（平成26年4月1日現在では全国752消防本部中744本部 計4、694隊が登録）、例えば、神奈川県隊、東京都隊といったように、各都道府県ごとに編成され、活動する。

緊急消防援助隊は、平成7年1月の阪神・淡路大震災の教訓を踏まえ、同年6月に東京消防庁など大都市の消防本部の協力によって事実上発足し、平成15年の消防組織法の改正によって法定された。阪神・淡路大震災では、全国から応援の部隊が駆けつけたが、当時は、全国的な応援の編成や活動等に関する制度が整備されていなかったため、指揮統制や運用面で混乱が生じた。

平成15年の消防組織法の改正では、従来のように消防庁長官が出動を「求め」ることの他、著しい地震災害などの大規模・特殊災害に対しては「指示」によって出動させることが可能となったが、法改正以後、例えば平成16年の新潟県中越地震や平成17年のＪＲ西日本福知山線列車事故などの出動23件で、指示権が行使されたことはなかった。今回の東日本大震災で、私は、この法定化された指示権を初めて行使した消防庁長官となった。

私は、各地の被害の状況が明らかにならなくとも、あるいは被災県からの派遣要請がなくとも、今回の大震災こそ指示権を行使して、一刻も早く全国規模で応援部隊を派遣しなければならないと即断した。震災後の４月13日に、岩手県宮古市に現地確認に赴いたが、宮古地区広域行政組合消防本部の野沢浩二消防長が、当地に最初に駆けつけた秋田県隊が「神様にみえた」と語っておられたことが思い出される。

今では、都道府県隊は、都道府県大隊という用語に改められたため、神奈川県大隊、東京都大隊と呼ばれるようになった。また、部隊ごとの登録は、例えば、消火部隊１隊は消防ポンプ自動車１台に隊員５人、救急部隊１隊は高規格救急車１台に隊員３人という構成でなされることなっており、個々の隊員ごとに登録する国際消防救助隊と異なり、車両の登録といった色彩が強いことになる。

緊急消防援助隊の活動

事前に作成していた出動計画においては、東海地震、東南海・南海地震、首都直下地震以外では、複数県にまたがって大地震が生じ、それに対応して緊急消防援助隊が出動するといった事態は想定していなかったので、特に当初の指示に関する具体の部隊の展開・運用に関し、関係者の多大のご労苦にもかかわらず、多くの反省点を残すことになったと思う。

最初の指示の後も、随時、投入部隊を増やす指示を行い、最終的には、被害の大きかった岩手、宮城、福島の３県以外の44都道府県の部隊に出動していただいた。同じ被災地である青森や栃木などからも、より被害の大きい地域に出動してもらったし、遠く九州・沖縄まで応援に駆けつけてもらった。

被災地に入った全国の消防隊員総数は３万人を超え、全国16万消防職員の実に５人に１人が応援に駆けつけてくれたことになる。自らの本来の任地である市町村で、日夜、消火や救急搬送などの任務があるにも関わらず、三交替制を二交替制にしたりして応援していただいたこと

東日本大震災における緊急消防援助隊出動人員の推移（「平成26年版消防白書」より）

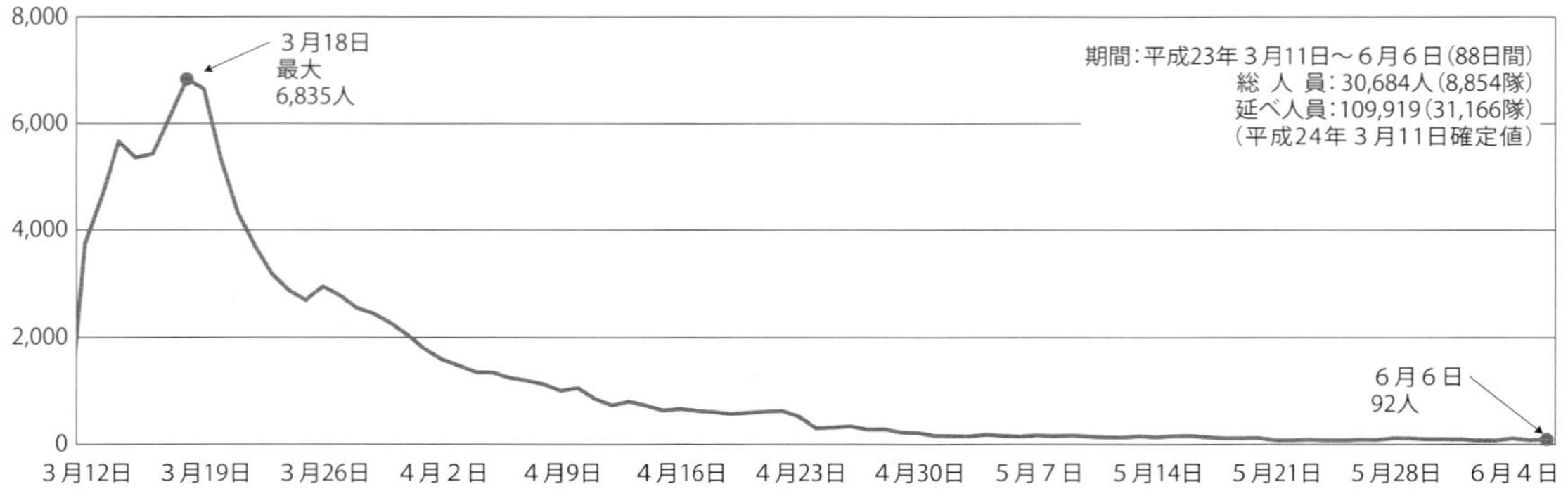

に、いくら感謝しても、し足りない思いでいっぱいである。

消防は、火事があれば消火し、事故や災害があれば救助に向かい、病人や負傷者がいれば救急搬送するというように、短期決戦が通例であるが、東日本大震災で出動した緊急消防援助隊のうち、最も長く活動に従事した部隊は、福島県に派遣された千葉県隊などであり、３月11日から６月６日まで何と88日間にわたって活動した。このような長期間の活動を行ったことも、これまでの消防の歴史になかったことである。

5　緊急消防援助隊の課題

初めての事態に直面

東日本大震災は、阪神・淡路大震災の反省から平成７年６月に誕生した緊急消防援助隊にとって、全国的規模で展開する初めての機会となった。特に消防庁にとっては、平成15年改正の消防組織法に基づく消防庁長官の指示権を行使して緊急消防援助隊を動かす初めてのケースとなった。

　これまで、過去4回の全国合同訓練を実施し、毎年秋には地域ブロック合同訓練を行い、実際に23件の出動実績を重ねてきた緊急消防援助隊が、全国レベルでその機能を発揮できるのか、まさに真価が問われる事態が訪れたのだ。また、制度を所管し、机上の議論を続けてきた消防庁が、大災害に際してその指導力を発揮できるのかが問われたのである。そして、さらには、消防制度の象徴のような存在とみられてきた消防庁長官が、消防組織法に基づく権限を初めて行使して全国の消防本部に指示を下すという未曾有の場面に直面したのである。

　結果的には、88日間にわたって全国44都道府県から5人に1人にあたる消防隊員が被災地に赴き、地元消防機関等と協力し、5、000人を超える人命を救助し、被災地の方々に安心感を与えることに寄与するなど一定の評価が得られたものと確信している。また、この章の7で述べるが、一部大都市の消防本部が連携して福島第一原発事故の対応にあたったことは、国民に消防の存在を再認識してい

緊急消防援助隊の被災地における活動
（写真提供：東京消防庁）

ただけたものと思う。

ただ一方で、今後発生が危惧されている首都直下地震や南海トラフ巨大地震を始めとする大災害に備えるためには、今回の活動を検証し、多くの課題を克服していく必要がある。それらの課題は相互に関連するものの、現行の制度の下で改善が図れるいわば運用面に係わる事項と、発想の転換や制度の変革を要する事項とに分けて考えることができると思う。

運用面に係わる事項

この章の4で述べたように、複数県にまたがって甚大な被害を及ぼす大地震についての出動計画は、首都直下地震と南海トラフ地震しかなかったし、東北地方の指揮支援部隊長は、仙台市消防局が担うこととなっていたのに、その仙台市自体が深刻な被災地になったため、どの応援部隊をどの被災地へ派遣するかは、いわば手探りの中で決断していった。

指揮支援部隊長とは、全国を8つのブロックに分け、それぞれの地方で災害が生じ、緊急消防援助隊が出動することになったときには、消防庁との連絡調整や現地消防機関への指揮支援を、派遣された緊急消防援助隊の中心になって行う部隊長のことである。通常は、北海道では札幌市消防局、東北では仙台市消防局、関東では東京消防庁、東海では名古屋市消防局、東近畿では京都市消防局、近畿では大阪市消防局、中国四国では広島市消防局、九州では福岡市消防局が担うこととされている。

今回の東日本大震災では、甚大な被害を被った三県、即ち宮城県では札幌市消防局、岩手県では名古屋市消防局、福島県では千葉市消防局に指揮支援部隊長の役割を担っていただいた。兵庫県隊のように、転戦に転戦を重ねるような移動をお願いすることになった部隊もあり、心から御礼とお詫びを申し上げたい。

関係の消防機関の皆さんや消防庁職員などの懸命な努力の結果、何とか各部隊を展開することができたと感謝の気持ちでいっぱいである。今後は、全国的な出動計画の見直しを不断に行い、地元の消防体制を維持しながら必要な部隊を派遣するための諸計画を作成するなど、平時から実践的な計画を作り、訓練を重ねて行わねばならないと痛感した。

また、当初の段階での通信回線の途絶、消防救急無線の輻輳、ヘリコプターテレビ電送システムの受信局の被災等によって、情報伝達や情報共有等に混乱が生じた。

今後は、①第3章2で述べる地域衛星通信ネットワークの地球局の各市町村への完全配備、バックアップとなる可搬局の整備や車載局を搭載した車両の整備、②同じく地域衛星通信ネットワークによる映像伝送システム（ヘリサット）のヘリコプター搭載による消防庁と緊急消防援助隊との情報伝達体制の充実、③消防救急無線のデジタル化のスピードアップ、④消防救急無線の中継機や衛星電話を搭載した車両の整備などが不可欠である。

この②のヘリサットは、第2章2で述べるように、東日本大震災の後から配備を進め、現在は、消防庁が所有し、3県と2消防本部に無償で使用させているヘリ5機の全てに搭載されている。

さらに、ガレキが山積みとなっている現場や広範囲に浸水が続く現場などで対応可能な機動力の高い車両や資機材の確保も必要となろう。車両や資機材の面では、全国各地で応援活動が可能となるよう、寒冷地仕様等あらゆる環境に対応できるような装備を有することも重要である。

発想の転換や制度の変革を要する事項

平成24年1月30日の消防審議会答申は、緊急消防援助隊のあり方について、①長期に及ぶ消防応援活動への対応と、②消防力の確実かつ迅速な被災地への投入を指摘しているが、その主要な部分は、まさに発想の転換や制度の変革に係わるものである。

まず、①であるが、今回、緊急消防援助隊は、最長88日間にも及ぶ長期の活動を行った。消防は、市町村の部隊であり、その地域で火が出たら消火し、事故があれば救助に赴き、負傷者や病人がいれば救急搬送する。軍隊は、戦場に赴けば、半分が戦い半分は後方支援すると言われるが、消防は、本来、全員が戦って短期で決着をつけるものである。消防庁は、これまでも、無償使用制度によって後方支援用の資機材や車両を配備してきたが、長期の活動は国の要請である以上、従来にも増して、全額国費でこれらの配備を促進しなければならない。

次に②の中の確実に被災地に到達できる体制の構築である。今回は何とかなったが、次の大地震では、高速道路を始めとする主要幹線が寸断され、陸路では被災地に到達できないかもしれない。各省庁、とりわけ自衛隊との連携によって、航空機による人員や資機材の投入を早急に検討していく必要がある。ただ、現在の自衛隊最大のヘリコプター「チヌーク」は4t車位までしか運べないため、今の主流の10t車の搬送は不可能である。

前述したように、現在の緊急消防援助隊は部隊ごと、つまりは車両ごとの登録制だが、これを国際消防救助隊のように、隊員の登録制に替え、空路で隊員を運び、資機材や車両は被災地近くの備蓄場所（この場合、例えば消防学校や被災地の中心となる消防機関に全額国費であらかじめ資機材や車両を「消防力の整備指針」による基準以上に配備しておく）にある物を使い活動するといった検討も必要ではなかろうか。代表消防機関という概念は、応援側のものだけではなく、受援側の概念でもあるように制度を改めることも早急に検討すべきと考える。この点については、改めてこの章の6で詳しく論じることにする。

因みに、「消防力の整備指針」とは、消防組織法第37条に基づいて、消防庁長官の助言として定められた消防庁告示の一つであり、市町村が目標とすべき施設及び人員に係る消防力の整備水準を示すものである。

緊急消防援助隊に関する経費

緊急消防援助隊に関する経費については、消防組織法第49条と第50条が、①消防庁長官の「指示」によって出動した場合の特殊勤務手当や時間外勤務手当などのいわゆるかかり増し経費は、国が負担する、②総務大臣が定める基本計画に基づいて整備される施設・設備に要する経費は、予算の範囲内で、国が補助するものとする、③消防用の国有財産又は国有物品を、都道府県又は市町村に対して、無償で使用させることができると定めている。

今回の東日本大震災では、緊急消防援助隊は「指示」によって出動したので、初めて、この規定に基づき、かかり増し経費を国が負担した。「求め」によって出動する場合には、こうした法的措置はないが、全国市町村振興協会から、宝くじ収益金を原資として、消防広域応援交付金が交付されている。また、この章の7で述べる福島原発事故の放水活動に携わった大都市消防のかかり増し経費には、国費として交付金が特別に予算措置された。

これに関連するが、緊急消防援助隊の活動は、「指示」であれ、「求め」であれ、国策によるものであるため、隊員の身分保障の観点からも、活動中は、国家公務員に併任するといったような検討も必要ではないか。これについては、第4章3で改めて触れることにしたい。

また、施設・設備についての補助制度は、補助率2分の1とされているが、第2章1で述べるように、その予算枠は約45億円程度にとどまっており、国策で出動をお願いする以上、今後は、無償使用の枠を大幅に拡大させていくことが重要である。

6　空路による搬送の着想の原点

平成22年総合防災訓練

そもそも、私が最初に、緊急消防援助隊が交通遮断で、被災地に到達できない可能性があることを深刻に意識したのは、長官就任後まもなく行われた平成22年9月1日の政府主催の総合防災訓練のときであった。この防災訓練は、初めて三連動地震を取り上げたもので、マグニチュード8・7の東海・東南海・南海地震が和歌山県南方沖を震源として同時に発生したという想定であり、その日の早朝、総理官邸で想定の緊急災害対策本部会議が開かれた。

完全には記憶していないが、その席上での原口一博総務大臣の発言は、消防庁長官に緊急消防援助隊への出動の指示を行わせ、まもなく応援部隊は被災地に到達しつつあるといった趣旨であったのに対し、前原誠司国土交通大臣の発言の趣旨は、主要幹線道路は全て崩壊し、交通は遮断されているという衝撃的なものだった。私は、そんな状況では、とても陸路で緊急消防援助隊を被災地に到達させることはできないだろうと暗澹たる気持ちになりながら、政府調査団の一員として自衛隊ヘリで、伊東市で開かれた静岡県主催の東海地震を想定した防災訓練に参加した。

私は、ヘリで同乗していた自衛隊の火箱芳文陸上幕僚長に、訓練の合間を縫って、早速その懸念を話したところ、陸幕長は、陸が無理なら空しかない、海はおそらくガレキが押し寄せ接岸できないだろう、陸自は大型ヘリを持っているので、消防の搬送に協力できるのではとのことであった。

防災訓練が終わって帰庁しだい、消防庁と陸上自衛隊との検討の場を設けるよう手配した。そこで明らかになったのが、前述したように、陸自のチヌークでは、10ｔ車の搬送は不可能だということだった。

空路による搬送

空路で消防車両を搬送するのなら、それが可能な緊急消防援助隊用の小型車両を開発して配備するか、あるいは、発想を転換して、緊急消防援助隊の登録を部隊（即ち車両）単位ではなく、国際消防救助隊のように隊員の登録制に替え、隊員をヘリで搬送するしかないのではと思った。

確かに、ようやく定着してきた制度を大幅に変更するのは混乱をきたすので、例えば、現行の部隊登録の制度はそのまま維持して、これに現行の国際消防救助隊の隊員登録の制度をそのままプラスしてはどうだろうか。つまり、国際消防救助隊の登録隊員は、空路で投入される緊急消防援助隊の登録隊員を兼ねることにしてスタートすれば、検討にそれほど時間をかけなくてもいいのではないか。

私の長官時代からの検討の成果としては、ヘリによって救助隊を迅速投入する際の「救助活動等拠点施設」の整備が補助対象施設に追加されたことがあげられる。しかし、これはほんの一歩に過ぎないだろう。補助事業では、その整備を行うかどうかの判断は、地方公共団体サイドにあるし、そもそも補助金総額は限られている。

前述したように、例えば、代表消防機関の概念を応援側だけでなく受援側の概念でも用い、ここに通常の「消防力の整備指針」による数以上に車両や資機材を国費で配備しておき、いざというときには、他県からヘリで応援にきた救助隊員に使用させるとか、各県の消防学校にあらかじめ国費による車両等を配備しておき、応援の隊員に使用させるといったことはどうだろうか。

この場合、日常の車両等の整備は配備先で行ってもらうが、通常の災害には配備先で使ってもらっていいことにする。こう考えれば、次に、全国どの隊員でも使用が可能になるよう、車両等の規格を統一化する必要が出てくるだろう。

このように、緊急消防援助隊の概念に多少の変更を加えた方が、「拠点施設の整備」よりは費用も少なくて済むだろうし、地方公共団体の任意の判断に任せたがために、結局、整備が進まないという事態に陥らなくて済むのではないか。消防庁自身がもっと前面に立ち、責任を持って意識改革をしなければ、次の大震災には間に合わないかもしれないと危惧する。

直下型地震、ミサイル発射事案など

実は、東日本大震災で緊急消防援助隊の出動を指示した直後、私は、とにかく被災地に到達できるようにと祈っていた。高速道などの主要幹線も何とか通行可能だとの知らせが入ったときは、ほんとによかったと思ったものだが、次の大震災では、その保証は全くない。とりわけ、直下型地震では、道路の崩壊だけでなく、建物の倒壊で交通遮断になり、陸路で被災地に到達できない可能性は少なくない。

繰り返しになるが、消防庁には、緊急消防援助隊の登録部隊数を増やすことだけではなく、こうした事態を想定して真剣に対策を講じてもらいたい。当時、私は、思わず周りに、戦前の海軍の巨艦主義に似ているのではないか、空母で制空権を確保することが大事なのに、大和や武蔵に頼ってしまったと話したのを覚えている。

平成24年4月に起きた北朝鮮のミサイル発射事案の際に、ミサイルが仮に沖縄に着弾したならば、有毒物質が飛散する可能性があるという想定で議論を行った。こうした毒性物質への対応には、福岡市消防局などの部隊の派遣が必要ではないか、資機材が足りなければ消防庁で緊急に手配する、応援部隊はこれを空路で運ぶといった検討である。これは、もはや従来の枠組みの緊急消防援助隊ではなく、本稿で述べている検討の世界に踏み込んでいるものである。

また、第4章3で、双葉地方広域市町村圏組合消防本部を支援するため、全国消防長会が福島支援全国消防派遣隊を結成したという私の退官後の出来事を紹介しているが、これも隊員のみを派遣する緊急消防援助隊の制度があれば、そのスキームで、消防庁が責任を持って派遣できたのではないだろうか。

7　福島第一原発事故と消防

原発事故の発生と原災本部の設置

平成23年3月11日㈮、東京電力福島第一原子力発電所（沸騰水型原子炉1号機から6号機）は、東日本大震災の地震動によって、東北電力からの送電線が切断されて外部電源が喪失し、配管等の一部設備が破損した。さらに、その後襲来した大津波によって、非常用ディーゼル発電機も6号機を除いて停止し、全交流電源が失われることになった。

当時、1号機から3号機は運転中であり、4号機から6号機は定期点検中であったが、4号機については、全ての核燃料棒が原子炉から使用済み核燃料プールに移されていた。運転中の原子炉は、地震で自動的に停止したが、大津波による全交流電源の喪失によって停止後の原子炉及び各使用済み核燃料プールの冷却機能が失われた。

このままの状態が続くと、1号機から3号機の原子炉及び1号機から4号機のプールにある核燃料棒が水で覆われずに露出し、放射性物質が大量に放出される危険性が高まった。核燃料は、水に浸されている限りは、何の問題も生じないが、空焚きになると放射性物質が飛散するのである。

同日16時45分頃、東京電力は、全ての非常用炉心冷却装置による当該原子炉への注水ができない可能性がある旨原子力安全・保安院に報告し、同院は、原子力災害対策特別措置法第15条第1項に規定する原子力緊急事態に該当すると判断した。これを受けて、菅直人総理大臣は、同日19時3分頃、原子力緊急事態宣言を発出し、自らを本部長とする原子力災害対策本部を設置した。こうして、我が国は、未曾有の深刻な原子力事故に直面することとなったのである。

事故直後から、東京電力は関連会社と連携し、炉心冷却のため、消火系ラインや自衛消防による手作業での注水作業を実施し、原子炉の圧力を減少させるため、格納容器のベントなどの対応を行った。注水作業には、自衛隊のみならず、地元消防である双葉地方広域市町村圏組合消防本部も参加したが、関係者の懸命の努力にもかかわらず、各原子炉圧力容器への注水ができない事態が継続したため、核燃料は炉心溶融を引き起こし、核燃料が溶けて圧力容器を突き抜ける事態に至った。

水素爆発と統合本部の設置

翌12日15時36分には1号機の原子炉建屋で、また、14日11時1分には3号機の原子炉建屋で、水素爆発が起き、それぞれの建屋が破壊され、大量の放射性物質が放出された。さらに、15日

6時頃には2号機で爆発音があり、同日9時38分及び16日5時45分には4号機の建屋で火災が発生した。

消防としては、地元双葉消防本部の活動だけではなく、原子力安全・保安院の要請を受けて、12日、東京消防庁と仙台市消防局に海水利用型長距離送水車を有する部隊に緊急消防援助隊としての出動を要請したが、同日午後の爆発を受けて原子力安全・保安院が要請を撤回したため、この応援出動は中止された。

その後も、事態は急速に悪化を続けたため、15日早朝、菅総理は東京電力本社を訪れ、東京電力内に政府と東京電力との原発事故対策統合本部が設置された。原子炉内への注水は徐々に進み始めたが、16日時点で、3号機の使用済み核燃料プールには水がほとんど無くなり、大量の放射性物質が放出される危険性が高まった。

これに対し、17日午前、自衛隊が陸自ヘリによる空中散水を4回実施し、夕刻には、警視庁機動隊や自衛隊が地上から放水を試みたが、芳しい成果は挙がらなかった。そして、いわば最後の手段として、同日21時頃、菅総理が石原慎太郎都知事に東京消防庁の派遣を要請し、石原知事の承諾を受けて18日0時50分、正式に、消防庁長官である私から緊急消防援助隊としての出動を要請した。

大都市消防の連携プレー

東京消防庁のハイパーレスキュー隊は、18日17時33分、1回目の出動を行ったが、ガレキの山に阻まれて、持参した海水利用型長距離送水車（2㎞まで自動的にホース敷設可能）が海まで350mを残して進むことができず、一旦作業を中止して、前進基地であるJビレッジに引き返した。2度目の出動は同日23時30分、1本50m・105㎏の巨大ホース7本分を分解し、4人ずつで抱えて手広めするという深夜、放射線が飛び交う中での決死の作業を敢行し、翌0時30分、連続放水設備の構築に成功した。

また、東京消防庁の部隊のみでは負担が大きいため、大阪市、横浜市、川崎市の各消防局がこの順番で、東京消防庁と共同で、あるいは同庁が構築した設備を使って放水作業を行った。引き続き名古屋市、京都市、神戸市の各消防局にも、この順番で出動要請を行ったが、3月末には東京電力職員の操作によるコンクリートポンプ車からの真水注水が始まったため、これらの部隊は待機のまま終了した。

六市の消防の派遣については、片山善博総務大臣が各市長に直接電話で要請し、その了解を得た後、私が緊急消防援助隊としての出動を要請した。さらに、3月22日には、浜松市消防局と新潟市消防局が大型除染システムをJビレッジに設営し、東京電力職員らの除染に大きく貢献した。

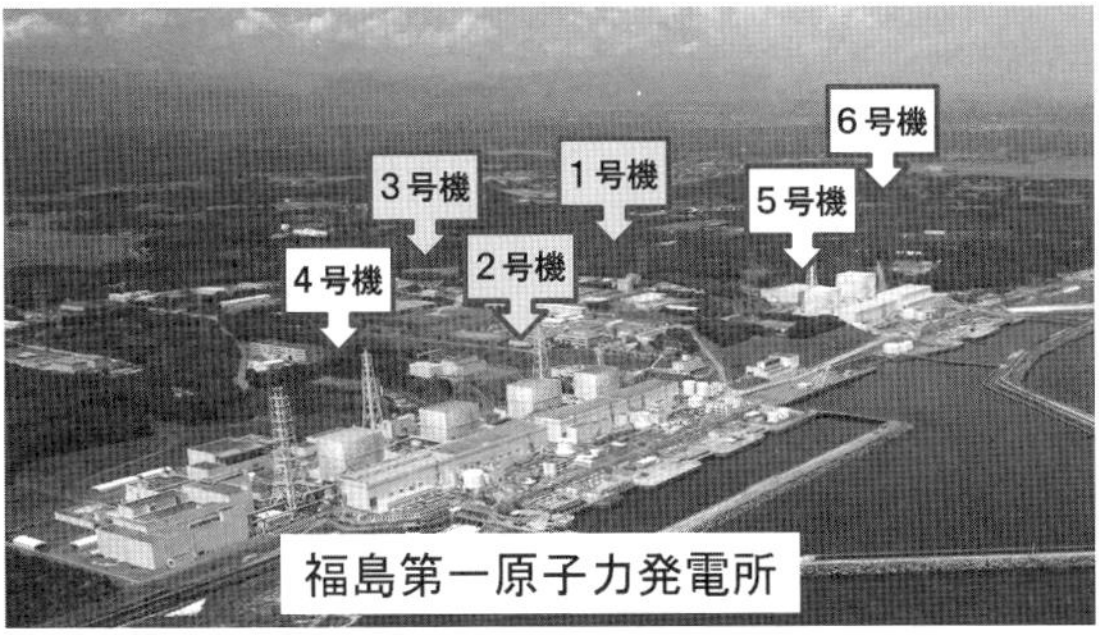

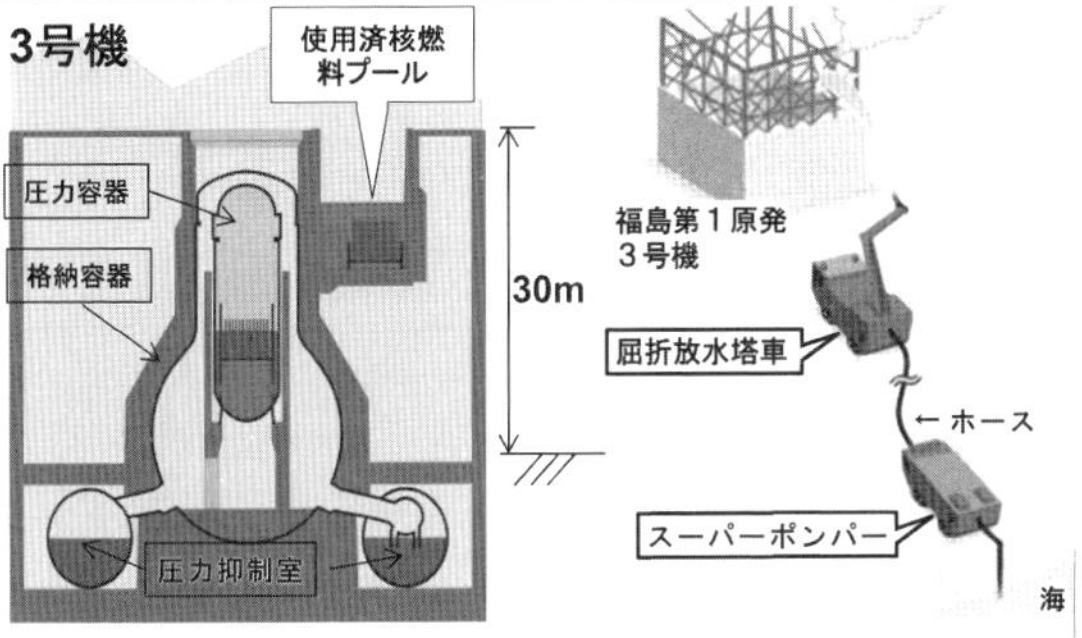

消防庁長官による緊急消防援助隊の派遣要請一覧
（「平成23年版消防白書」より）

要請日時		要請先	内容
3月18日	0時50分	東京消防庁	福島第一原発における放水活動
3月18日	20時10分	大阪市消防局	福島第一原発における放水活動
3月19日	15時30分	横浜市消防局	福島第一原発における放水活動
3月19日	16時30分	川崎市消防局	福島第一原発における放水活動
3月20日	16時00分	新潟市消防局、浜松市消防局	大型除染システムの設置・運転方法等の指導
3月22日	13時40分	名古屋市消防局	福島第一原発における放水活動
3月22日	13時50分	京都市消防局	福島第一原発における放水活動
3月22日	14時00分	神戸市消防局	福島第一原発における放水活動

緊急消防援助隊の出動要請の法的手続きは踏んだが、都道府県ごとに編成される本来の緊急消防援助隊とは異なり、実際は、大都市の消防本部が国の要請で出動し、連携・協同して国難に立ち向かい、危機的な状態から我が国を救ったのである。このことは、末永く国民の皆様の記憶に残る偉業であり、関係の皆様に改めて感謝申し上げたい。

8　原発事故への出動を巡る問題

原発事故対応は消防の仕事か

福島原発へ緊急消防援助隊を派遣する際に最も悩んだことは、放射線が飛び交う中でのこの事故対応は消防の仕事なのか、そうだとして出動の要請を地方公共団体から拒否されないためにはどうしたらいいのかということであった。

3月12日に原子力安全・保安院から要請があったときは、それ程の問題意識も持たずに東京消防庁と仙台市消防局に出動を要請したし、地元の双葉地方広域市町村圏組合消防本部は当初から事故対応にあたっていたが、水素爆発が相次ぎ、政府の現地対策本部が福島市内に撤退、自衛隊も郡山駐屯地に全員避難する等事態が極めて憂慮されるものとなった。しかも、求められる緊急の使命が、使用済み核燃料プールへの放水であることが明らかになったとき、果たしてこの作業は消防の任務なのかということである。

原子力災害対策特別措置法は、原子力災害への対応は国と事業者の責務であることを前提としている。一方、消防組織法は、一般法として、消防の任務は災害全般に及ぶと定め（第1条）、この章の4で述べたように、緊急消防援助隊への出動の指示ができるケースのひとつとして放射性物質の放出のおそれがある事故をあげている（緊急消防援助隊に関する政令第1条）。しかし、その場合も想定しているのは、救助や救急搬送であろう。プールへの放水が消防の仕事なら、プールにホウ酸を入れるのも、原子炉に窒素を入れるのも消防の仕事なのか。

原子力災害対策特別措置法は、平成11年に、東海村にある株式会社ジェー・シー・オーが起こした原子力臨界事故を契機に制定された。また、その際、自衛隊法も改正され、従来の「災害派遣」とは別に「原子力災害派遣」が規定された。消防も、仮に、あらゆる原子力災害に対応するのなら、政令ではなく、消防組織法本体に明確な根拠を置く必要があったであろう。

水素爆発が相次いだ後、福島県に派遣されていた静岡、岐阜、滋賀、群馬の4県の救急隊が、政府が屋内退避区域と定めた30㎞圏内から、残念ながら自主的に撤退し、各県の航空隊には機材が被曝したのではないかという不安が広がっていた。

当時は、避難区域から病人やお年寄りなどを運び出す必要があったため、私は、この4県のうちの二つの代表消防機関の消防長に電話して協力を求めたが、「市長に相談する」ということで、なしのつぶてだった。

その一人の市長が、後になって、「知事から言われたのなら協力したが、長官から消防長に直接依頼するというのはおかしい」などと言っておられると仄聞した。マスコミが批判していたので、そういう釈明をされたのだろうが、屁理屈ではなく、はっきり「自分の部隊は、消防庁長官から、地震と津波対応での出動を指示されたのであり、原発事故対応で来たのではない」と述べられた方がよかったのではないか。

また、ある県が、消防ヘリ被曝の損害賠償請求を私にすると言っているという話も聞いた。別のある県知事からは、深夜に二晩続けて電話をもらい、ヘリが運航する放射線濃度を示せと激しく抗議された。当時は、まさにこうした状況下にあったのである。

私は、最終的には、消防組織法で消防の任務が災害全般を対象としている以上、国と事業者では対応できないが、消防ならその可能性があり、かつ、その活動が安全である限りは出動すべきではないかと判断した。つまり、消防組織法の特別法と考えられる原子力災害対策特別措置法の世界で、国（自衛隊も当然含まれる）と事業者が全力を尽くしたにもかかわらず、万全な処理にはなお困難が残り、その場合に消防の協力が有効なら、その限りにおいて、一般法である消防組織法が機能せざるを得ないと判断したのである。

さらに、地方公共団体の消防本部にこれを受けてもらうには、消防組織法上の消防庁長官の指示ではなく、あくまでも国がお願いする、その場合もトップである菅総理から東京消防庁を管理する石原都知事に直接お願いしてもらうしかないと考え、片山総務大臣のご下問に答えてその旨進言した。

以上の私の考えは、片山総務大臣とも完全に一致しており、大臣からは、関係閣僚会議などの場で主張していただいた。また、事務レベルでは、緊急参集チームの場で株丹達也次長に代弁してもらった。

大都市消防連携作戦の課題

東京消防庁が原発サイトに進入を試みていた3月18日夕刻、岡武男大阪市消防局長から大阪も出動の意思がある旨電話連絡があったので、新井雄治東京消防庁消防総監にその旨伝えると「ぜひお願いして欲しい」とのことだったため、片山総務大臣から平松邦夫市長に直接電話で

平成２３年3月２０日
消防庁災害対策本部

東 京 消 防 庁
消 防 総 監 様

消 防 庁 長 官

福島第一原子力発電所事故のオペレーションについて

今回の福島第一原子力発電所事故における今後のオペレーションに関し、緊急消防援助隊の各部隊の全体的かつ継続的な統括・調整について、東京消防庁に要請します。

具体的には下記のとおりです。

記

1 現地調整所における消防の活動の調整
2 交代要員、消防車両等の確保に係る消防庁への依頼
3 現地調整所における自衛隊等との調整
4 東京電力本社にある統合対策本部内でのリエゾン対応

以上

消防庁災害対策本部
参謀班
TEL：03-5253-7514

消防庁長官から東京消防庁消防総監あての要請文書

出動を要請した。東京消防庁だけに負担させるわけにはいかないと判断したのである。

同様に、横浜、川崎、名古屋、京都、神戸にも、まず、それぞれの消防長に私が直接打診した後、大臣からこの順番で各市長に出動をお願いした。これらの手続きは完全なトップダウンで極めて迅速に行ったが、この章の11で述べるように、改めて人間関係の重要さと携帯電話の有用性を実感した。

ただ、問題は、これら各市の消防局に実際の指揮支援ができるのは、最初に進入し、放水設備を構築した東京消防庁しかないのではと思い、新井消防総監に東京消防庁の指揮隊はＪビレッジに引き続き留まり、各市を支援してもらいたいとお願いした。新井消防総監は、その旨の長官名の一筆がほしいとのことだったので、福島原発事故における「今後のオペレーションに関し、緊急消防援助隊の各部隊の全体的かつ継続的な統括・調整について、東京消防庁に要請します」との東京消防庁消防総監宛ての消防庁長官名での文書を作ってお渡しした。

法的には、消防庁長官は、具体の自治体消防の実働部隊を指揮する権限は何ら有しておらず、要請とはいえ、法的根拠がないまま、東京消防庁にそうした権限の行使を依頼することなど全くの想定外のことである。災害対策本部で私の周りにいた消防庁職員からは、驚きの声があがったが、私は「新井消防総監には、私以上に他の消防機関の隊員を指揮する根拠がない」として、直ちに前述の文書を作成した。緊急事態での消防庁長官という存在の重み、その役割の大きさをつくづく実感することになった。

原災本部長名の指示書

当時、政府部内では、その権限の及ばない自治体消防を何とか指揮できないのかといった乱暴極まりない議論がなされていた。東京消防庁が、当初3月18日夕刻に原発サイト内に入ったもののガレキの山に阻まれて、一旦Jビレッジに戻った際、政府のトップレベルから直接、新井消防総監に、何故、突入しないのか、今夜中に突入しろなどといった電話すらあったようだ。後日談になるが、3月21日に、ハイパーレスキュー隊の報告会のあと、このことを耳にした石原都知事が激怒して官邸に乗り込んで抗議した話は有名になった。

3月20日になって、原子力災害対策特別措置法第20条第3項に基づく原子力災害対策本部長（菅総理）名での指示書が消防庁長官である私や警察庁長官等に発出された。放水作業等に関する「具体的な実施要領については、現地調整所において、自衛隊が中心となり、関係行政機関及び東京電力株式会社の間で調整の上、決定する」とともに「作業の実施については、現地に派遣されている自衛隊が現地調整所において、一元的に管理する」というものである。

指　　示

平成23年３月20日

警察庁長官　殿
消防庁長官　殿
防衛大臣　殿
福島県知事　殿
東京電力株式会社取締役社長　殿

原子力災害対策本部長
（内閣総理大臣）

東京電力福島第一原子力発電所で発生した事故に関し、原子力災害特別措置法第２０条第３項の規定に基づき下記のとおり指示する。

記

1　福島第一原子力発電所施設に対する放水、観測、及びそれらの作業に必要な業務に関する現場における具体的な実施要領については、現地調整所において、自衛隊が中心となり、関係行政機関及び東京電力株式会社の間で調整の上、決定すること。

2　当該要領に従った作業の実施については、現地に派遣されている自衛隊が現地調整所において一元的に管理すること。

原子力災害対策本部長からの指示書

片山総務大臣始め私たちは、事実上、自衛隊が調整するのは当然であり、こういう文書を作っても、消防の実働部隊が国の管理下に入るわけでないから意味がないと主張してきた。しかも、既に消防は総理の要請に応えて放水作業に携わっており、何の問題もないはずだと。いずれにせよ、この指示書の名宛人は、国家公務員である私なのであり、東京都知事や消防総監ではない。この指示書に創設的な意味は持たせようがなく、あくまでも東京消防庁は、総理ではなく都知事の管理下にあるのである。

福島原発事故に関する出版物等には、この指示書によって、消防との調整が進むようになったと記述しているものがあるが、それは間違いである。少なくとも自衛隊と消防との関係は、それ以前から円滑であり、今でもこのような指示書は不要であったと思っている。

折木良一統合幕僚長から、このことについて電話で挨拶があったが、私たちは定期的に懇親会を開いている間柄であり、「それは当然なので気にされることはない。それより、また早く懇親会を開けるようになりたいものだ」と応じた。折木統幕長の部下の竹本竜司運用第一課長と陸上自衛隊から消防庁に出向していた木戸口和彦国民保護運用室長とは実の兄弟でもあり、当時の消防庁と自衛隊の人間関係は極めて良好であった。

隊員の健康管理

東京消防庁は、原発に赴くにあたり、救急専門医で放射線に詳しい山口芳裕医師（杏林大学）を隊員の安全確保のために帯同したが、この作業が、東京消防庁のみならず大都市の連携作戦になったことから、救急専門医と診療放射線技師を消防庁の責任で派遣することにした。あわせて、いざというときのために福島県立医科大学と千葉県にある放射線医学総合研究所に病床を確保した。

後に大きく報道されたが、作業中に汚染水に入って被曝した東京電力職員を3月24日にまず診察し、これらの病床に運んだのは、この我々の構築したシステムなのである。4月初めに消防が撤収した後は、このシステムは政府の現地対策本部に引き継いだ。病床の確保などを始めとしてこのシステムの構築には、当時、厚生労働省から出向して救急企画室に来てくれていた医系技官の長谷川学課長補佐の活躍に負うところ大であった。

また、現実に原発サイトに入り作業に従事した大都市の消防隊員は260人にのぼったが、これらの隊員の健康管理をどうするかを検討するため、平成23年7月、消防庁に有識者からなる健康管理検討会を設置し、退官後も希望者には一生、国の責任で必要な健康診断追加検査（血液検査、白内障検査、メンタル検査）を行う旨決定した。平成24年7月には、具体の健康診断を実施・評価するために有識者と消防機関代表からなる健康管理審査連絡会を設置し、継続的に隊員の健康管理を支援することにしている。

9　指示系統の一本化と危機管理

▼指示系統の一本化

原発事故が起きてから、消防庁には、各方面から種々の要請や提案が持ち込まれた。3月12日には、原子力安全・保安院からの要請で東京消防庁と仙台市消防局の出動を準備したものの、水素爆発のために中止したことは既に述べたが、翌13日から15日にかけて、枝野幸男官房長官の指示により、消防庁から8消防本部に、消防ポンプ自動車計12台を東京電力に貸与してほしい旨の協力要請を行った。

〔東京電力への車両の提供〕

※消防庁災害詳報・平成23年（2011年）東北地方太平洋沖地震（東日本大震災）についてより

・官房長官指示により、消防庁から下記の消防本部に協力要請し、合計4台の消防ポンプ自動車を東京電力に貸与。
○郡山地方広域消防組合消防本部（2台）3月13日20時45分到着
○いわき市消防本部（1台）3月14日0時45分到着
○須賀川地方広域消防本部（1台）3月14日0時45分到着
・官房長官指示により、消防庁から下記の消防本部に協力要請し、合計8台（総計12台）の消防ポンプ自動車を東京電力に貸与。
○米沢市消防本部（1台）3月14日21時45分到着
○会津若松地方広域市町村圏整備組合消防本部（1台）3月14日19時10分到着
○宇都宮市消防本部（2台）3月14日21時50分到着
○さいたま市消防局（2台）3月15日1時15分到着
○新潟市消防局（2台）3月14日23時45分到着

私たちが困ったのは、政府部内からだけでも、官房長官、危機管理監という官邸サイドと経済産業省、原子力安全・保安院サイドの二つの系統からの依頼や要請が調整されずになされることであった。東京消防庁のハイパーレスキュー隊の出動が決まった翌日の18日から、総理、官房長官、経済産業大臣、防衛大臣、国家公安委員長、統合幕僚長、危機管理監など一部のメンバーのみによって開かれていた原発事故関係のインナーの重要会議に片山総務大臣も加わることになった。その席上、片山総務大臣からこの問題を提起していただき、私たちの主張どおり、官邸サイドに一本化してもらうことが決まった。

東日本大震災では、昭和36年に災害対策基本法が制定されて以来初の緊急災害対策本部が設置され、事務局は内閣府の防災担当が務めたが、福島原発事故でも、平成11年に原子力災害対策特別措置法が制定されて以来初の原子力災害対策本部が設置され、事務局は、事実上、経済産業省の原子力安全・保安院が務めた。本部長は、いずれも菅総理だが、副本部長は、前者は松本龍防災担当大臣であり、後者は海江田万里経済産業大臣が努めた。この本部会議はいずれも官邸で開かれたが、事務局員が官邸に移ったわけではない。

この他に、大規模自然災害や重大事故などが起きたときに置かれる緊急参集チームが、発災後直ちに発足し、枝野官房長官の下、伊藤哲朗危機管理監が、メンバーとなる各省の局長級を官邸に集めた。このチームは、全員が現実に官邸に長期間詰めて、各省との調整の任にあたった。消防庁からは、株丹達也次長が参画した。

危機管理の鉄則

私どもの主張は、この未曾有の原発事故では、経済産業省、原子力安全・保安院ではなく、総理に最も近い官房長官、危機管理監が、緊急参集チームを手足に使って取り仕切り、東京電力からの要望も官邸で取りまとめてほしいというものであった。これに限ったことではないが、一刻を争う危機管理の鉄則は、とにかく意思決定のプロセスをできる限りシンプルにし、トップダウンが迅速に完徹できるようにすることである。

その後、東日本大震災の反省から、組織改編や諸種の計画、マニュアルなどの改訂が行われている。原子力事故についても、経済産業省の外局である資源エネルギー庁の特別の機関であった原子力安全・保安院は、原子力規制庁に改組され、環境省の外局である原子力規制委員会の事務局とされた。原子力事故の処理については、私たちが身を持って体験し、事実上、官邸に一本化されたということの決定が忘れ去られることなく、将来に伝承されてほしいものである。

勝俣会長からの要請

消防が3号機の使用済み核燃料プールへの放水作業に従事することが決まる前夜のエピソードを紹介しておきたい。3月16日の夜に、勝俣恒久東京電力会長から、私に直接電話で「背の高い28mのはしご車が横浜市消防局にあると聞いた。4号機の使用済み核燃料プールへの注水に使いたいので貸与の仲介をしてほしい」との依頼があった。私は「横浜市消防局には、お願いをしてみましょう。ただ、正式には官邸を通してください」と応じ、直ちに携帯電話で鈴木洋横浜市消防局長にその旨お願いし、内諾してもらった。

するとしばらくして大臣室から片山総務大臣が呼んでるというので、大臣にお会いしたら、「総理から電話で、横浜市消防局のはしご車を東京電力に貸してやってほしいとの要請があった」ということだった。

あの時点で、四つの使用済み核燃料プールの中で最も問題なのは、つまり、水がなくなって空焚きになる可能性が一番高いのは、定期点検中だったために、一時的に使用済みでない核燃料棒も一緒に入っている4号機のプールだと言われていた。そして、そのプールには、水素爆発では建屋の上部の一部が壊れただけなので、注水は相当高い所からやらないと入らないということだった。

私の言った「官邸」が、文字どおり「総理」になったのに驚いたが、詳細を事務レベルで詰める必要があるので、事務方を東京電力に接触させたところ、深夜になって「米軍からもっと背の高いはしご車を確保したので、いらない」という回答をもらった。総理と会長という両最高首脳から依頼された案件が、依頼した側の担当者からの電話で断られたことに、また驚いた。

ただ、4号機の使用済み核燃料プールには、水素爆発の際の何らかの作用によって水が流入したようであり、その日の夕刻に飛び立った自衛隊ヘリによるモニタリングで、水が入っていることが確認された。翌々日に原発サイトに入った東京消防庁の隊員によると、米軍のはしご車も使われた様子はなかったようだが、4号機の使用済み核燃料プールの危機的状況が一時的に遠のいたせいかもしれない。

3月16日は、このような錯綜した状態で過ぎて行き、この後、最も問題なのは、3号機の使用済み核燃料プールだということになっていくのである。

10　いわゆる「吉田調書」の問題

放水の効果

平成26年5月20日の朝日新聞は、政府の「東京電力福島原子力発電所における事故調査・検証委員会」での故吉田昌郎福島第一原発所長の聴取結果書（吉田調書）を入手したとして、事故当時、福島第一原発の所員の9割が吉田所長の待機命令に違反し、第二原発へ撤退していたと報じた。しかし、実際の吉田調書では、「第二原発に行ったほうがはるかに正しいと思う」と述べられており、「待機命令違反」は事実をねじ曲げた報道であったとして、政府は、吉田氏本人の上申書に基づいて、それまで非公開としていた方針を転換し、平成26年9月11日にこれを公開した。

ただ、この膨大な調書の中の一部において、自衛隊、警察、消防の3号機使用済み核燃料プールへの放水作業について「効果がなかった」と明言し、自衛隊のヘリ散水については、なんと、「セミの小便みたい」とまで言われている。

既にお亡くなりになった方が、非公開を前提とした中で話された陳述なので、当初は、これに論評を加えるのは控えようと思ったのだが、一部の報道がこの部分を大きく取り上げたため、私の知る限りで事実誤認と思われる陳述があるのならば、それを指摘することが、事故当時に消防庁長官を努めた私の責務だと思い直した。また、そうすることが消防を始めとする救助隊の方々の士気の上からも必要だと考え、あえて気になる点を取り上げることにしたい。

もとより、吉田氏は、繰り返し、外部注水する方法や政府との調整は本店でやる仕切りだったと述べられており、この部分での陳述は、むしろ本店への反発の感情が背景にあることは想像に難くない。

まず、放水の効果について、前述のように「自衛隊さんも申し訳ないけれども、量的には効いてないないし、消防庁も効いていないないし、機動隊はもともと全く効いていなかったと思います」と述べておられる。

しかし、平成23年12月26日に公表された事故調査・検証委員会の中間報告の「使用済燃料プールの冷却状況」という資料では、消防による放水量は、3月19日未明から3月25日午後に至るまで5回にわたる出動で合計約4、227tもの大量に及んだことが明記されており、コンクリートポンプ車による真水注水が可能になるまでの危機的状況を救ったことが明らかではないのか。

東京消防庁を始めとする大都市消防の隊員たちは、自らの所属する消防本部とは何の関係もないこの福島の地で、被曝しながら一週間以上にわたって連携して困難な活動を続けたのであり、万が一効果がなかったと言うのなら、何故その時点で指摘されなかったのか。全く無責任とも思える発言であり、憤懣遣る方無い思いでいっぱいである。

新井消防総監は「自衛隊ヘリからの散水や自衛隊・警察の陸上放水のおかげで、空中の放射線濃度が下がり、消防が活動しやすくなった」と述べておられる。自衛隊や警察の救助隊員の方々の活動も一定の効果があったことは間違いないであろう。

免震重要棟の存在

次に、吉田氏は調書で「線量の高いところに来るのは、はっきり言ってみんな嫌いなんです。特に消防庁はそうです」と述べ、「隊長さんは免震重要棟にはほとんど来られないですから、Ｊビレッジとかそちらで現場の状況などを説明する」などと述べておられる。

しかし、新井消防総監は「免震重要棟の存在を当初全く知らされずにいたので、作戦の樹立自体に大きな影響を与えた」と正反対のことを述べておられる。つまり、免震重要棟の存在を隊員が知っていれば、免震重要棟の中からは東京との連絡が常時可能だったため、Ｊビレッジに引き返して作戦の練り直しをする必要がなかったし、被曝線量も少なくて済んだということである。

その後、東京消防庁、横浜市消防局及び川崎市消防局には、4月11日に、新井消防総監、鈴木洋横浜市消防局長、福元幸徳川崎市消防局長始め現地で活動した隊員の代表の方々に総務省に来ていただき、片山総務大臣に原発内における活動について直接説明してもらった。

その際に、この「免震重要棟の存在を知らせてもらってなかった」話を耳にした片山総務大臣は、翌4月12日の参議院総務委員会の答弁において、東京電力の秘密主義の例としてこのことに触れ、憤慨したと述べるとともに、私に、経済産業省を通じて東京電力に抗議するよう指示された。私は、これを受け、松永和夫経済産業事務次官にその旨伝えたところ、後日、松永次官から、そういうことがあったのは事実であるとして、清水正孝東京電力社長からの謝罪の伝言を受け取った。真相はこういうことであり、吉田氏の陳述とは全く異なっている。

〔平成23年４月12日　参議院総務委員会（会議録より）〕

○片山虎之助君　関係の自治体から余り文句というのか、いや、これでは足りないなんということがないようにしっかり計算して、特交だけで足りるかどうか知りませんが手当てをしてもらいたいと思うし、原発に絡んで、そういう中に入っている隊員のケアなんかもこれはちゃんとしてもらわないと、今後のことがあるから。

それから、この機会に東電や原子力関係の国の機関に言ってもらいたい。彼らは基本的に秘密主義なんだから。ちゃんと必要なことを教えないと、危険だけ与えて情報を与えないばかなことはないんで、しっかり言ってくださいよ。

○国務大臣（片山善博君）　昨日、実は東京消防庁の新井消防総監を始めとして、横浜、川崎の幹部、それから実際に東京消防庁で第一陣として原発の放水に当たった佐藤前警防部長を始め何人も来られまして、私の方からお礼を申し上げておきました。

それはそれとして、そのときに実は話が出たんでありますけれども、非常に私残念だと思いましたのは、今回東京消防庁は大変な苦労をしました。行ってみましたら、聞いていた話と違っていてガレキだらけであったので、車からホースをずっと展開できなかったわけです。あの重たいホースを海岸まで人力で部隊がやったわけでありまして、その間ずっと被曝をしますので非常にもったいないわけです、本来ならば集中してやらなきゃいけないところに。それはもうちょっとやっぱり現地の方できちっとその辺の、誰でもできるというと失礼ですけれども、わざわざ特殊部隊にやってもらわなくていい仕事は片付けておいてほしかったし、それからもう一つ、東京消防庁の方から聞いたのは、免震の、東京電力の今一生懸命当たっている職員の人がかなり大勢いる建物がありますけれども、あれの存在を知らされていなかったんです。それを知らされていればそこを本拠地にしてそこから随時出動に出られたのに、遠方から行ったり来たりするので、その間も時間的なロスと、それからその間に被曝しますのでもったいなかったということがありまして、もう少しやはり、東京消防庁、消防機関に対して応援を要請するのであれば、きちっと現地の全貌を明らかにしてほしいと私も実は昨日ちょっと憤慨しながら聞いておりまして、このことは是非、これからのこともありますので、厳しく伝えたいと思います。
○**片山虎之助君**　しっかり頼みますよ、その点は。

前述のように、吉田氏自身も、別の箇所では、外部注水や政府との調整は本店でやっていてよく分からないとか、細かい段取りが現場でどう進んでいるかまでは覚えてないとも述べておられ、免震重要棟に立て籠もった状態で正確に外部の状況を把握していたわけではないと告白されている。

消防は「遅い」とは

今ひとつは、吉田氏は、「柏崎でも消防はなかなか来なかったと思いますよ」などと述べ、消防の出動の「遅れ」を示唆されているが、これも状況を確認せずに印象だけで話されていると思う。

そもそも、全体の陳述からは、消防は地元市町村が担い、他地域からは応援で出動するということへの基本的な理解が乏しいと感じられるが、当時これは政府部内にも少なくなかった認識なのでやむを得ないとしよう。

しかし、この章の7で述べたように、福島原発を管轄する地元の双葉地方広域市町村圏組合消防本部は、最初から自らの消防ポンプ自動車を持ち込み、自衛消防と一緒になって原子炉への注水活動に携わっていた。また、事故直後の3月12日には、緊急消防援助隊として、東京消防庁と甚大な被災地を抱える仙台市消防局とが、まさに第一原発に向けて出動しようとしたそのときに水素爆発が起き、原子力安全・保安院から安全が確認できないとして、その出動要請が取り消されたことはご存知だったのだろうか。

さらに、この章の9で述べたように、3月13日から15日にかけて、同じ被災地の郡山地方広域消防組合消防本部、いわき市消防本部など8消防本部から、そのご厚意で、合計12台の消防ポンプ自動車が第一原発に提供されたことは承知されていたのであろうか。

調書にあるように、これらのことは、本社のやることなので自分には関係ないということかも知れないが、それならなおさら（調書が非公開扱いになると思われていたとしても）、公式の場で陳述するような話ではないだろう。

11　現地確認と両陛下への御進講

現地確認

東日本大震災が起きてからしばらくは、消防庁で寝泊まりする日々が続いた。発災の当初は、地震と津波による被災地の現状把握と緊急消防援助隊の投入に専心したが、しだいに福島第一原発への事故対応が大きな比重を占めるようになった。

ただ、こうした状況下でも、一刻も早く主だった被災地に直接赴いて現地の状況を確認し、地元消防機関や応援で出動している部隊の方々を激励したいという思いは募っていった。そして、福島第一原発の状況が最悪を脱しつつあった3月27日に、まず、原発事故対応の最前進基地であるJビレッジを消防庁の緊急自動車で訪れ、4月1日には宮城県と福島県、4月13日には岩手県をともに東京消防庁のヘリで訪れた。

Jビレッジへは、地震の結果うねってしまった常磐道を使用したが、パトカー等の緊急車両と作業用トラックのみが行き交い、パーキングエリアは自衛隊車両で埋まっており、まさに戦場を進むが如くであった。

Ｊビレッジは、原発から約10㎞の地点にあり、本来はサッカーのナショナルトレーニングセンターなのだが、ここを拠点にして、東京電力の関係者、自衛隊、消防などが原発へ出動していた。Ｊビレッジでは、指揮支援を努めてもらっている東京消防庁の隊員にお会いして激励するとともに、陸上自衛隊の田浦正人陸将補から福島原発事故対応の全体説明を受けた。

田浦陸将補は、この章の8で触れた原子力災害対策本部長名での指示書による原発事故に関する現地作業の「自衛隊が中心となり」調整する責任者なので、その労を謝した。東京消防庁ハイパーレスキュー隊が1度目の出動でガレキに阻まれ引き返したとき、官邸では自衛隊に代わらせようとしたが、放水の本職に代われなどとは絶対に言えないとこれを拒否した人と言われている。その後、近くのいわき市総合体育館で待機中の名古屋市ハイパーレスキュー隊を激励した。

Ｊビレッジでの活動の様子
（写真提供：東京消防庁）

福島・宮城・岩手三県では、それぞれの県災害対策本部を訪れ、知事に面談し、要望を承った。津波に襲われた沿岸部の上空を飛んだが、前年の12月に同じ地域を仙台市の消防ヘリから見たときの景色と様変わりしていて衝撃を受けた。仙台市では、高橋文雄消防局長の案内で被災地を歩いたが、すさまじい光景の連続に息を呑んだ。若林区荒浜にある仙台市消防局と宮城県共用のヘリポートは、3か月振りの再度の訪問だったが、津波の襲来を受け、宮城県ヘリの残骸が横たわっていた。

福島県では、政府の原子力災害現地対策本部長の池田元久経済産業副大臣にもお会いし、消防学校に野営している緊急消防援助隊を激励した。この日は派遣部隊の交代のときでもあったので、高規格救急車だけで百台を超える部隊が福島県に投入されていた。私は、隊員の皆さんを激励し、部隊検閲を行いながら、前年11月に出席した同じ福島県の郡山市での緊急消防援助隊北海道・東北ブロックの合同訓練を思い出した。そして、今回は、本番なのだと身が引き締まり、胴震いがした。

岩手県の花巻空港では、各県の航空消防隊の方々から話を伺い、宮古市では、この章の2で述べたように、救急隊員が殉職された場所に献花するとともに山本正徳市長や野沢浩二消防長の案内で被災地を歩いた。

原発事故の直後から原発サイトで活動を行い、今もなお、日夜交替で警戒区域内に入って警防活動を続けている双葉地方広域市町村圏組合消防本部には、ようやく震災の翌年の5月23日に訪問することができた。隊員の皆さんに訓練を見せてもらい、西村栄一消防長の案内で防護服をまとって警戒区域に入った。最前線で福島第一原発から日本を守っておられる姿に胸が熱くなった。

このときの出張では、自らも甚大な被害を被ったにもかかわらず、消防ポンプ自動車を東京電力に提供していただいた御礼に、いわき市消防本部と郡山地方広域消防組合消防本部も訪れた。いわき市消防本部には、福島原発への放水作業のため派遣されてきた大都市消防のお世話もしていただいていた。

各消防長との親交

原発事故の際には、この章の7で述べたように、大都市消防が連携して放水活動を行ったが、その要請は、直接、私が携帯電話で関係の消防長に行った。私は、前年の7月に消防庁長官に就任して以来、消防救助技術大会や消防長研修会などの機会を捉えたり、関東近辺では時間を見つけては日帰りで、各消防本部を訪れ、消防長さん始め職団員の皆さんとの親交を深めてきた。私の公務員としてのモットーは現場第一主義であり、長官になってからはより積極的にこの方針を貫いた。

常々、私は周りには「一石三鳥」だと言ってきた。①「百聞は一見に如かず」であり、現地に赴いて見聞すればより具体的に勉強できる、②その機会に多くの職団員の方々に会って激励できる、③親しくなっていれば、いざというときに、各消防長さんと携帯電話であいさつ抜きに何でも話せるようになる、ということである。

大都市消防だけでも、東日本大震災が起きるまでには、15の消防本部を訪れ、各消防長さんと親密になっていた。本当はそうあって欲しくはなかったのだが、③の事態が現実に東日本大震災という形で起きてしまったのだ。

また、②のように多くの隊員さん方とお会いするよう心掛けてきたため、例えば、前述のいわき市総合体育館で激励した名古屋市の隊員の皆さんとは、全員、前年の10月に、岩﨑眞人消防長の案内で訓練を見せてもらって以来の再会であり、ここでも今回は本番なのだと胸がつまる思いがした。そして、あの日、名古屋市ハイパーレスキュー隊の詰所に掲げられていた「己の命を守り 仲間の命を守りてこそ 人の命を救えるなり」という「命三訓」が瞼によみがえった。

東日本大震災当時の全国消防長会の正副会長・委員長さん方、即ち新井雄治消防総監始め札幌市から福岡市までの消防長さん方（15人と事務総長・次長）から、本当にありがたいことに退官祝いの会をやっていただいた。それ以来、そのメンバーで毎年集まることにし、第3回目の平成26年10月には、「3・11きづなの会」と会の名前もついた。

今年は、阪神・淡路大震災20年にあたるので、この会は、村上正彦神戸市消防局長の発案で神戸市で開くことにしている。こうした皆さんの支えがあって消防庁長官を努めることができたのだと、改めて感謝、感激している。

「3・11きづなの会」メンバー

氏　名（東日本大震災当時の官職）
久保信保（消防庁長官）
松井英樹（札幌市消防局長）
高橋文雄（仙台市消防局長）
大木充夫（さいたま市消防局長）
安川光雄（千葉市消防局長）
新井雄治（東京消防庁消防総監）
鈴木　洋（横浜市消防局長）
福元幸徳（川崎市消防局長）
岩﨑眞人（名古屋市消防長）
三浦孝一（京都市消防局長）
岡　武男（大阪市消防局長）
村上正彦（神戸市消防局長）
髙野哲司（広島市消防局長）
瀬川安則（徳島市消防局長）
尾原光信（福岡市消防局長）
小見　彰（北九州市消防局長）
熊谷道夫（全国消防長会事務総長）
石川節雄（全国消防長会事務局次長）

両陛下への御進講

主だった被災地への現地確認が終わった4月25日、皇居を訪れ、両陛下に東日本大震災における消防の活動について御進講を行った。全体については私がお話し、原発事故に関する東京消防庁の活動については新井消防総監からお話した。

宮内庁からは震災発生後まもなくその旨の依頼があったが、震災対応、とりわけ原発事故対応に追われ、現地確認も終えたこの日になったものである。この御進講の2日後から、両陛下は、宮城県を始めとする東北地方への行幸啓を開始された。

両陛下は、まっすぐに私の目を見つめられ、真剣なまなざしで話を聞いていただき、津波の避難誘導や堤防見回りなどをしていた消防職団員二百数十人が殉職したと話したときには絶句され、目を潤まされたようだった。天皇陛下は、消防職団員の健康を気遣われ、「アスベストは大丈夫ですか」と話され、原発事故対応にあたった隊員の健康状態についても熱心に御質問された。

私が「健康診断は国が責任を持って行い、白血病のための血液検査も行うつもりです」と答えると皇后陛下からは「隊員が退官された後も、末永く気遣ってください」とのお言葉があった。まさに、退官後も本人が望めば、国が責任を持って健康診断を行うようにしようと、御進講の

東日本大震災消防殉職者等全国慰霊祭
（平成23年11月29日　ニッショーホール）

東日本大震災一周年追悼式
（平成24年3月11日・国立劇場）

前に控室で新井消防総監と話し合っていたところだった。両陛下の暖かいお人柄に触れ、その御叡慮に感服した。

その年の11月29日、ニッショーホールで開催された東日本大震災消防殉職者等全国慰霊祭は、両陛下御臨席の下に行われたが、両陛下からは、御遺族の代表の方々に暖かいお声をかけていただいた。また、翌年の３月11日に、国立劇場で政府主催の東日本大震災一周年追悼式が開催されたが、天皇陛下は、「死者や行方不明者の中には、消防団員を始め、危険を顧みず、人々の救助や防災活動に従事して命を落とした多くの人々が含まれることを忘れることができません」とのお言葉を述べられた。私は、御進講の際の両陛下のまなざしが脳裏によぎり、感無量であった。

天皇陛下は、全国慰霊祭の直前の11月６日から24日まで気管支炎で入院され、一周年追悼式の前には、２月18日に冠動脈バイパス手術を受け、３月４日に退院されたばかりであり、いずれも、復帰後初の公式行事となった。

第2章　消防防災の担い手

1　消防庁と消防財政

消防庁の役割

消防庁は「国家行政組織法第３条第２項に基づいて、総務省の外局として」（消防組織法第2条）置かれ、「消防に関する制度の企画及び立案、消防に関し広域的に対応する必要のある事務その他の消防に関する事務を行う」（同法第４条）行政機関であり、消防組織法や消防法等の法令を所管している。消防庁の長は、消防庁長官であり（同法第３条）、総務大臣から任命され、同庁に属する職員は、長官が任命する（国家公務員法第55条）。

消防の実働部隊は、市町村に属しているため、消防庁の役割は、制度の企画立案が主たるものであり、市町村消防への関与も技術的助言が中心である。ただ、消防庁長官は、阪神・淡路大震災の教訓から生まれた緊急消防援助隊を、一定の場合に指示という権力的関与によって出動させることが可能になり（第1章４参照）、国民保護法では、有事の際には消防に関する措置について、知事や市町村長に指示ができ、この指示に基づく事務は国からの法定受託事務とされた（第7章1参照）。

また、昭和34年に東海地方を始め全国に大きな被害をもたらした伊勢湾台風を契機に、防災に関し、国、地方公共団体その他の公共機関を通じて必要な体制を確立するため、同36年に災害対策基本法が制定された。同法では、内閣総理大臣が総理し、防災基本計画の作成などを行う中央防災会議に関する事項や、内閣総理大臣を長とする緊急災害対策本部設置の根拠規定などが設けられた。

この法律は、主として内閣府が所管し、関係省庁との調整の役割を担っているが、消防庁も、各地方公共団体との連絡調整の役割を担い、都道府県や市町村の地域防災計画の作成などに関して必要な助言を行っている。

消防庁の組織・人員

消防庁には、本庁に4課9室が置かれ、そのうち防災課及び6室は国民保護・防災部に属している。また、全国の消防職団員の教育訓練機関として消防大学校が設置され、消防研究センターがこれに属している。全国の市町村消防は、常備消防約16・1万人、非常備の消防団約86・4万人を擁しているが、平成26年8月1日現在、消防庁は、正職員の定員169人（実員164人）、定員外で各消防本部等からの研修生約100人、同じく定員外の非常勤職員約50人の合わせて総勢約320人の小さな行政機関である。

因みに、自衛隊の定員は約24万7千人、海上保安庁は約1万3千人であるが、これらはいずれも国の機関であるから、消防同様に実働部隊が地方公共団体に属する警察を見てみると、都道府県警察の定員は約25万2千人であり、その企画立案部門である国の行政機関の警察庁の定員は約7千7００人となっており、消防庁のコンパクトさが際立っている。

消防庁の正職員は、消防技官や研究職等のいわゆるプロパー職員、旧自治省を中心とする総務本省からの出向者、厚生労働省や気象庁などの他省庁からの出向者、それに割愛と称する消防本部や都道府県からの出向者からなるいわば寄り合い所帯であるが、東日本大震災の際には、研修生や非常勤職員を含め、各職員それぞれの専門知識や経験が存分に発揮され、一丸となって難局に立ち向かった。当時の片山総務大臣からは「消防庁を誇りに思う」との言葉もいただいた。2年2か月の私の在任中、当時の職員の方々にほんとによく支えていただき、心から感謝している。

消防財政

平成24年度の市町村消防費の決算は約1兆9千億円、都道府県防災費は約1千億円であるのに対して、消防庁の平成26年度一般会計及び復興特別会計の当初予算合計は約１６６億円であり、これに前年度補正予算約62億円を加えても約２２８億円にとどまっている。

この当初・補正両予算のうち市町村への補助金等は、緊急消防援助隊設備整備費関係約45億円、東日本大震災復旧関係約39億円、消防救急無線デジタル化関係約24億円などとなっており、この他に緊急消防援助隊用車両等の無償使用約11億円、消防団装備等の無償貸付約34億円が措置されている。これを見ても明らかなように、我が国の消防財政は、そのほとんどが各地方公共団体の自らの地方税や地方交付税等の一般財源で賄われている。

因みに、平成26年度当初予算の防衛関係費は約4兆8千億円、同じく海上保安庁の当初予算は約1千860億円、警察庁は約3千200億円であり、また、平成24年度の都道府県警察費の決算は約3兆2千億円となっている。

小泉内閣のいわゆる三位一体改革によって、平成

市町村消防費決算額の財源内訳（「平成26年版消防白書」より）

（単位：億円、%）

区分	平成20年度		平成21年度		平成22年度		平成23年度		平成24年度	
	金額	構成比	金額	構成比	金額	構成比	金額	構成比	金額	構成比
一般財源等	16,483	91.6	16,637	91.0	16,219	91.2	16,375	89.1	15,894	83.4
特定財源	1,513	8.4	1,640	9.0	1,573	8.8	2,014	11.0	3,174	16.6
国庫支出金	150	0.8	186	1.0	165	0.9	170	0.9	324	1.7
地方債	965	5.4	1,069	5.8	977	5.5	1,246	6.8	2,064	10.8
使用料、手数料	34	0.2	32	0.2	30	0.2	31	0.2	35	0.2
その他	365	2.0	353	1.9	401	2.3	566	3.1	751	3.9
計	17,996	100.0	18,278	100.0	17,792	100.0	18,388	100.0	19,068	100.0

（備考）　1　「地方財政統計年報」（総務省）により作成
　　　　　2　単位未満四捨五入のため、合計等が一致しない場合がある。

17・18年度当初予算で常備消防や消防団等への補助金約70億円が廃止され、一般財源化されたことにより、ただでさえ少ない補助金が一層少なくなった。その一方で、特に東日本大震災以後は、緊急消防援助隊や消防団の装備・資機材に対する全額国費での措置がなされるようになった。

私は、消防は市町村の典型的な自治事務であるので、補助金から一般財源化されることはある程度やむを得ないと考えるが、国策で出動をお願いする緊急消防援助隊の装備や資機材などには全額国費を投入してその配備を充実することが重要である。私は、在任中、財政当局にその旨強く要請し、東日本大震災以後ある程度措置されるようになったが、この傾向がさらに強まることを期待している。

2　都道府県の役割

▼都道府県の消防防災体制

都道府県の消防組織法上の役割は、実働部隊を有する市町村との連絡調整が中心であり（同法第29条）、後述する航空消防隊の任意設置（同法第30条）と消防学校の必置（同法第51条）

が例外的に実働的な事務とされている。また、第5章1で述べるように、増大する救急需要を背景に、平成21年の消防法改正で「傷病者の搬送及び傷病者の受入れの実施に関する基準」の策定とこの実施基準に関する協議会の設置が都道府県の事務とされた。

戦後、共に市町村が担うとされた警察と消防であったが、昭和29年に警察が都道府県に移管されたことを契機に、消防も都道府県が所管すべきという議論がおきたこと、そして、今日的には、この救急需要の増大が、消防庁が進めた消防本部の広域化と密接に関係し、都道府県消防の必要性の議論につながり得ることについては、第4章3で詳しく述べることにする。

都道府県の役割としては、むしろ、災害対策基本法における広い意味での防災に関して、その第一線に立つ市町村への広域調整や技術的助言が重要になってきている。特に東日本大震災以後は、住民の避難や被災地への支援に関し、広域的な対応をより有効に行える体制が必要との議論が高まり、平成24年6月に、都道府県の役割を強化する方向での災害対策基本法の改正がなされた。

都道府県においては、こうした消防防災部門は、従来は総務・企画部局又は生活・環境部局が所管するのが一般的であったが、防災意識の高まりを背景に「危機管理監」を設ける例もあり、①特別職として知事を直接補佐する、②部長級として消防防災担当を統括する、③次長級として消防防災を所管する総務部長等を補佐するなど、いくつかのパターンがみられるようになった。

航空消防隊

消防組織法は、都道府県は航空消防隊を設け、市町村の消防を支援することができると定めている。消防ヘリコプターは、現在、東京消防庁ほか15の政令指定市消防局が計31機、38道県が計40機、消防庁が所有し、県や大

消防防災ヘリコプターの保有状況（「平成26年版消防白書」より）

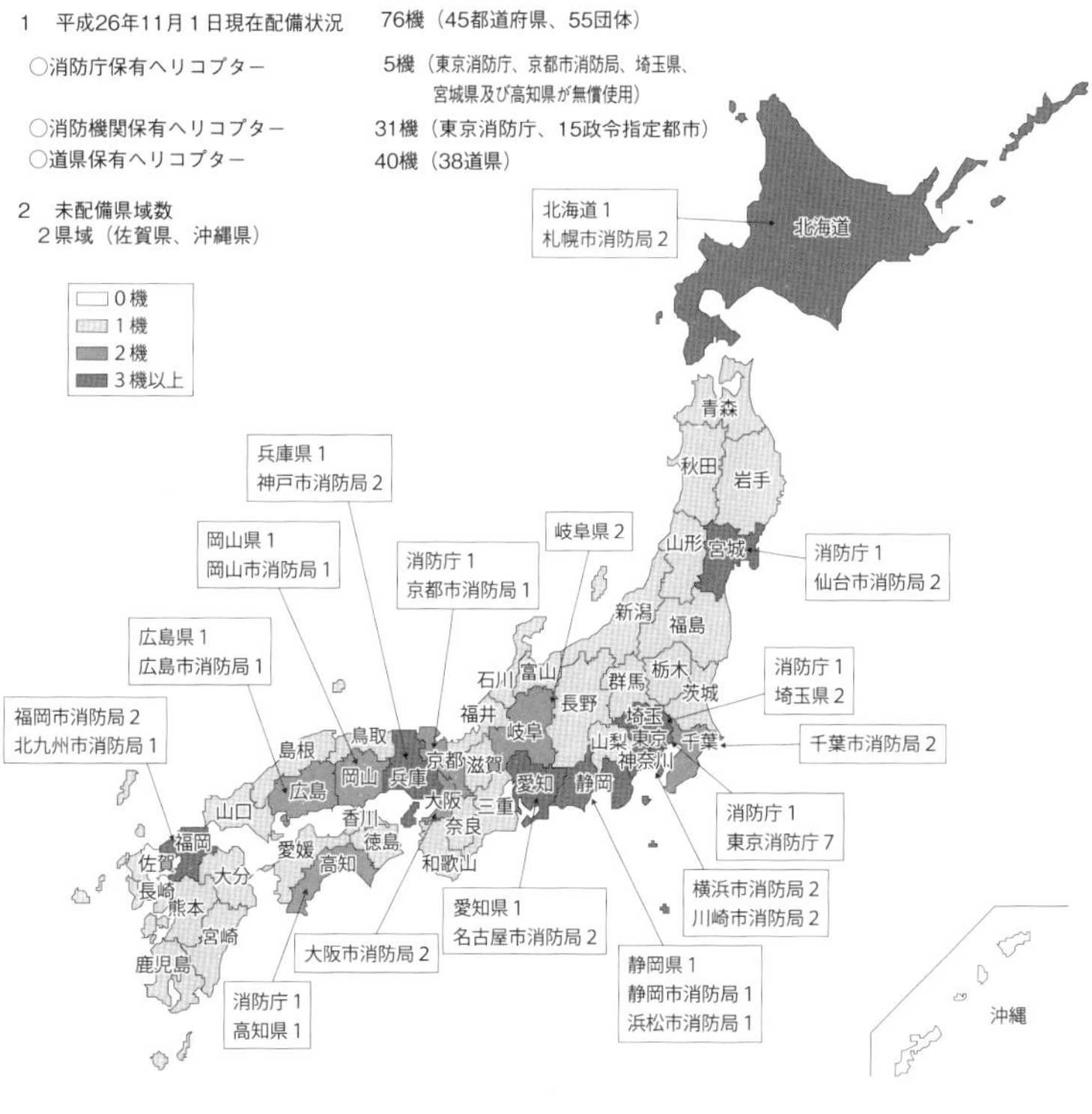

都市消防に無償で使用させているものが計5機の合計76機にのぼり、消防ヘリのない地域は佐賀県と沖縄県を数えるだけになった。

ヘリの運行については、神戸市が兵庫県と共同運航（操縦士、整備士は神戸市）している他は、大都市消防は全て自主運航しており、道県では、秋田県、長野県、高知県と岐阜県の1機が自主運航、岐阜県のもう1機とその他の道県は、民間会社に委託している。また、道県の操縦士や整備士以外の航空消防隊は、管内の各消防本部から出向した職員によって構成されている。

道県によっては、市町村消防と区別する意味からか、「防災ヘリコプター」とか「防災航空隊」などと称する例が見られるが、消防組織法上は「航空消防隊」であり、消防庁の補助金交付要綱は、全て「救助消防ヘリコプター」と呼んでいる。

なお、消防庁ヘリ5機は、東京消防庁、京都市消防局、埼玉県、宮城県、高知県に無償使用させており、これらのヘリには、第3章2で述べる自治体衛星通信機構の衛星通信回線を用いて、地上系とは異なり、中継局不要の安定的なリアルタイムでの映像伝送が行える「ヘリサット」を搭載している。私がヘリサットの導入を決めたのは、東日本大震災のときの教訓からであり、いざというときに頼りになるのは、最後は衛星通信しかないからである。

消防学校

消防組織法は、都道府県が単独又は共同して消防職団員の教育訓練を行うために消防学校を設置しなければならない（同法第51条第1項）こととしている。また、政令指定市も「単独又は都道府県と共同して」消防学校を設置できる（同条第2項）こととされ、現在、札幌、千葉、横浜、名古屋、京都、神戸、福岡の7市が設置している。

実働部隊を有するのは市町村であるが、消防学校を各市町村が設置する

消防職員を対象とする教育訓練の実施状況
（「平成26年版消防白書」より）

（人）

	24年度	25年度
初任教育	6,438	6,496
新規採用者	6,044	6,116
専科教育	11,204	10,153
警防科	1,060	1,023
特殊災害科	746	671
予防査察科	1,357	926
危険物科	505	361
火災調査科	1,100	1,148
救急科	4,564	4,458
救助科	1,872	1,566
幹部教育	4,432	4,469
初級幹部科	2,945	2,920
中級幹部科	1,010	1,034
上級幹部科	477	515
特別教育	13,880	10,792
合　　計	35,954	31,910

（備考）「消防学校の教育訓練に関する調査」により作成

のはあまりに非効率であるため、都道府県に設置義務を課し、政令指定市には設置可能としたものである。しかしながら、消防の実働部隊を有しない都道府県には、その運営に関しては教員の派遣を始め各消防本部の協力が不可欠であり、特に、災害応援の際に緊急消防援助隊の各都道府県隊の代表消防機関となる消防本部の協力が重要である。

問題は、代表消防機関の中でも、とりわけ高度な消防力を有する7政令指定市が、自ら消防学校を設置しているが、この場合に、その属する道府県の消防学校の運営はどうなっているのかということである。この場合も、当該道府県の設置する消防学校の運営には、政令指定市消防局の協力が重要であろう。

政令指定市消防局ではないが、我が国最大の消防力を誇る東京消防庁は、消防組織法第51条第3項の訓練機関としての東京消防庁消防学校を有しているものの、東京都の消防学校である東京都消防訓練所とは同じ敷地内に併設されており、また、第4章2で詳しく述べるように、東京消防庁職員は都の職員であるため、両校の校長は兼任し、事実上一体的な運用がなされている。さらに、平成26年4月に、大阪府消防学校に大阪市消防学校が統合され、従来の市の学校部分では高度な消防訓練を受け持つこととなった。

消防組織法も、政令指定市は単独だけでなく「都道府県と共同して」設置できるとしており、東京や大阪の事例を参考に、例えば、道府県の消防学校の運営を、消防学校を設置している政令指定市に委託するなど、共同運用や密接な連携のあり方を検討していただければと思う。

3　市町村の役割と常備消防

市町村の役割

消防組織法は第6条で「市町村は、当該市町村の区域における消防を十分に果たすべき責任を有する」とし、第7条では「市町村の消防は、条例に従い、市町村長がこれを管理する」と定めて、我が国の消防は、住民に最も近い行政主体である市町村が担うことを明らかにしている。

ただ、小規模で財政基盤の弱い市町村では、地方自治法上の共同処理の手法を用い、周辺の市町村とともに一部事務組合や広域連合を作ったり、近隣の市町村に事務委託することによって常備消防を営んでおり、現在、消防本部の総数は市町村数の半分以下の752となっている。

なお、未だに非常備消防の消防団のみで、常備消防の消防本部を有さない山間部や離島の町村が存在しており、現在、全国で35町村となっている。

また、災害対策基本法では、基礎的な地方公共団体である市町村が、緊急避難場所の指定や避難行動要支援者名簿の作成を行ったり、住民への警報の伝達や避難指示・避難勧告の発令を行うなど災害予防や災害応急対策において極めて重要な役割を担っている。

問題は、実働部隊である消防本部が広域化され、こうした重要な災害対策を行う市町村に所属しなくなった場合に、両者の関係が緊密に保たれているかということである。平成25年6月施行の改正災害対策基本法で、ようやく市町村災害対策本部のメンバーに広域消防の職員が併任発令されることなく加われることになったが、広域消防の構成市町村間で方針に違いが生じた場合に、消防はどう行動するのかは重大な

消防本部の設置方式の内訳（「平成26年版消防白書」より）

（平成26年4月1日現在）

消防本部数		市町村（矢印）
752		1,685市町村
単独	456	456市町
一部事務組合等	296	132市町、1,097市町、132市町

市町村	市	町	村	常備／非常備	
1,685	791	735	159	常備市町村	
456	398	57	1	単独	設置方式
1,097	361	596	140	一部事務組合等構成	設置方式
132	32	82	18	事務委託	設置方式
35	−	11	24	非常備町村	
1,720	791	746	183	合計	

（備考）1 「消防本部及び消防団に関する異動状況報告」により作成
2 23区は1市として単独消防本部に計上
3 広域連合は「一部事務組合等」に含まれる。

課題であろう。

　幾度も風水害に見舞われた兵庫県豊岡市は、組合消防の区域と合致する形で市町村合併が行われたため、従前の組合消防がそのまま単独消防となった。中貝宗治市長は「単独消防になって市の方針に合致するようになり、ほんとによかった」と語っておられた。

　また、東日本大震災からしばらくして、私の郷里に近い福岡県のある市長が長官室を訪れた。このとき、防災教育の話になり、私が「自治会単位などで、消防本部や消防団の協力を得てやるのがいい」と述べたところ、彼は「既に、そうした試みはやっている」と応じたあと、「消防本部に声をかけるのを忘れていた」と述べ、しまったという顔をされた。

　ここの常備消防は、二市による一部事務組合で担われており、管理者は二年交替制で、当時は他の市長が管理者であった。市町村長にとっては、単独消防でない消防本部は、消防団より遠い存在なのかもしれない。

　私は、闇雲な消防本部の広域化は望ましくないと考えており、むしろ広域化した消防本部の区域を単位に市町村合併を行うべきではないのか。この問題については、改めて第４章１で取り上げることにする。

常備消防の組織と階級

消防組織法は、消防本部、消防署、消防団の三つを消防機関と呼んでいるが（同法第9条）、消防本部とそれに属する消防署が常備消防であり、その長である消防長は、市町村長が任命し、消防長以外の消防職員は、市町村長の承認を得て消防長が任命する（同法第15条）。

政令指定市等では、消防本部を消防局、消防長を消防局長と称する例が多い（名古屋市消防局では消防長と呼んでいる）が、職員の任命権を持つ一般職公務員は、国においては消防庁長官など外局の長に限られ、地方公共団体においては消防長しかいない。消防本部は、まさしく国の外局にあたるものであり、消防組織法において、市町村長の内部組織に過ぎない部局とは異なる位置付けがなされているのであって、是非とも法律どおり、消防本部、消防長と呼んでほしいものである。

また、消防本部に属する消防職員のうち、自衛官や警察官のように階級を有し、制服を着用するものが消防吏員である。その階級については、消防組織法第16条第2項に基づく基準（いわゆる階級準則）が定められ、消防総監から消防士までの10段階が示されている。階級制度は、指揮統率と規律の上で必要不可欠であるが、階級準則では、大都市など消防本部の属する市町村の人口規模の大小等によって同一の職務でも階級が異なっており、そのことへの批判がある。

確かに、自治事務の典型である消防に関し、消防庁が、対等であるはずの市町村間で上下があるかのような運用を強く求めるのは問題かもしれない。全国統一的な階級が必要であり、かつ、同一職務であっても大都市消防本部の方が小規模消防本部よりも上位の階級に位置付けられる理由は何なのだろうか。

警察にならったというのは、全く理由にならない。警察では、都道府県警察本部に属する職員であっても、警視正の階級以上の地方警務官は、国家公安委員会が任命する国家公務員である。従って、全警察官の階級に統一的な取り扱いを行う正当な理由がある。

結局、突き詰めていくと、他の消防本部と合同した活動を行う場合、例えば、県内応援隊や緊急消防援助隊での活動においては、やはり、全国統一的な階級があった方が便利ということになるだろう。それならば、消防庁は、緊急消防援助隊における階級制度のみを定め、例えば、いくつかの消防本部が集まって訓練をするときには、必要があれば、あらかじめ緊急消防援助隊の階級を使用することを取り決めておくという方法もあり、こうしたやり方の方が正当のようにも思える。

最近は、東日本大震災を始めとして、緊急消防援助隊の活動の場面が増加し、そのための合同訓練の機会も頻繁になった。第4章3や第7章1で詳しく述べるように、緊急消防援助隊や国民保護法での消防応援は、従来の市町村消防の概念を大きく超えるものである。応援出動の実をあげるためには、統一的な階級が必要であることは当然であろう。

　その場合に、緊急消防援助隊用とそれ以外用の二種類の階級があるというのでは、わかりにくく、ひいては住民の信頼を著しく損なうこと

消防吏員の階級と職務の例

階級	職務（例）			
	人口30万人規模の消防本部		人口10万人未満の消防本部	
消防総監	－		－	
消防司監	－		－	
消防正監	消防長		－	
消防監	部長・署長		－	
消防司令長	副署長・課長	指揮隊長	消防長	
消防司令	課長補佐・係長	指揮隊長	署長・課長	指揮隊長
消防司令補	主任	隊長	課長補佐・係長	隊長
消防士長	副主任	隊長・機関員・隊員	主任	隊長・機関員・隊員
消防副士長	係員	機関員・隊員	係員	機関員・隊員
消防士	係員	機関員・隊員	係員	機関員・隊員

※一般的に、司令長（課長職）以上が管理職手当を支給されている。ただし小規模な消防本部等にあっては、消防司令以上が管理職手当支給の対象とされる場合もある。

（参考）消防吏員の階級の基準（消防庁告示）による消防長の階級の基準

消防総監	東京消防庁の消防長
消防司監	指定都市の消防長
消防正監	消防吏員の数が200人以上又は人口30万人以上の市町村の消防長
消防監	消防吏員の数が100人以上又は人口10万人以上の市町村の消防長
消防司令長	消防吏員の数が100人未満かつ人口10万人未満の市町村の消防長

になるだろう。全国の消防吏員の皆様には、是非ともその点のご理解をいただいて、階級準則に沿った運用をお願いしたい。また、消防庁には、第4章3で例示するような緊急消防援助隊の国家的位置付けを強めるような立法措置を検討し、その中で階級の法定化も視野に入れてやってほしい。

消防職員の団結権問題

日本国憲法は、勤労者の団結権、団体交渉権及び争議権の三つの労働基本権を保障しているが（憲法第28条）、公務員については、その全部又は一部が制限され、最高裁判所も公共の福祉による制約を是認している。とりわけ、防衛省職員、刑事施設職員、海上保安庁職員、警察職員、消防職員については、三権の全てが認められていない。

結社の自由及び団結権の保護に関するＩＬＯ第87号条約は、第9条で「軍隊及び警察に適用する範囲は国内法令で定める」とし、ＩＬＯは、日本の消防は警察と同視できるとの見解を示したため、昭和40年に我が国は同条約を批准したが、我が国の労働側の提訴を受け、昭和48年にＩＬＯは見解を変更し、以後、消防職員への団結権付与を求めてきた。

私が消防庁長官在任中は、民主党政権下であり、就任した時点で既に大臣政務官を座長とする検討会で、団結権付与の方向での議論が開始されていた。その後、平成24年5月の素案に基づいて作成された団結権と団体交渉権を付与する旨の地方公務員法等の一部改正法案が、同年11月16日に国会に提出されたが、衆議院の解散によって廃案となり、今日に至っている。先進諸国では、消防職員に労働基本権が付与されているのが一般的であるが、我が国においては、未だ時期尚早ということなのであろう。

団結権問題の感想

消防庁長官当時、いろんな立場の人から、この団結権問題について私の見解を求められた。私の答えは、常に「これは、消防職員だけではなく、地方公務員制度全体を通してどうあるべきかという問題であり、また、長年の懸案として内閣、国会がどう考えるかという問題である。今まさに大臣政務官を座長にして検討が進められているので、私の立場は、事務局に徹するということに尽きる」というものだった。私は、全ての労働者には、日本国憲法によって労働基本権が保障されているということからスタートしなければならないと思う。

ただ、前述したように、最高裁判所は、公共の福祉の観点からの制約は立法措置によって可能であるとしており、制約する理由が今もなお存在すると、国民が思っているかどうかということにかかってくる。それは、結局、国民の代表から構成される立法府の国会と、それに連帯して責任を負う内閣の判断いかんということである。

民主党政権が労働基本権付与のための改正法案を提出したものの、衆議院が解散され廃案となり、その後の自公連立政権では改正の動きがないということは、国民は、依然として消防職員に労働基本権を付与すべきではないと考えているということになるだろう。

私は、東日本大震災で、東京消防庁のハイパーレスキュー隊が福島第一原発事故対応で出動したとき、消防職員に団結権・団体交渉権があったらどうなっただろうと思ったことがある。平成23年3月18日夕刻に彼らが出動した当時は、職員の活動環境上最も重要な放射線量がいくらなのかすら正確にはわかっていなかった。あるとき、労働者側の幹部の方に、私的な場で、この懸念を話したことがある。彼は、「公立病院の組合員である医師や看護師が、強力な感染症に罹った患者の診療を拒否することはないはずだ。それと同じと思う」と語っておられた。

4　消防団と自主防災組織

消防団

消防組織法上、消防団は、市町村における非常備の消防機関であり、消防団長は、消防団の推薦に基づき市町村長が任命し、団長以外の団員は、市町村長の承認を得て団長が任命する（同法第22条）。通常、団員は他の職業等に就いている一般市民であり、いざというときに出動する非常勤特別職の地方公務員である。消防本部を置く市町村においては、消防長又は消防署長の所轄の下に行動するものとされ（同法第18条第3項）、現在、全国で2、221団、団員総数は約86・4万人となっている。

常備消防が未整備であった昭和20年代には200万人を超えていたが、その後減少の一途を辿り、平成2年に100万人を割り込んだ。団員減少の要因としては、消防の常備化の進展を別とすれば、少子化による若年団員の減少（平均年齢は、昭和45年32・5歳が平成25年39・7歳）、被雇用者比率の上昇（昭和40年26・5％が平成26年72・2％）、コミュニティ意識の希薄化等があげられよう。

近時、「消防団員100万、うち女性団員10万」という目標が、消防団関係の行事での消防庁幹部の挨拶などで語られることがある。覚え易い数字なので、私も、長官時代にそう述べたことがあるが、実はこの数字は、各市町村の条例定数を合計したものでも、「消防力の整備指針」に基づいて算定したものでもない。総務省が誕生した平成10年代前半頃から数値目標的に使われるようになってきたようだが、消防審議会などの審議を経たものではなく、公的な数値目標

消防団員の被雇用者化の推移（「平成26年版消防白書」より）

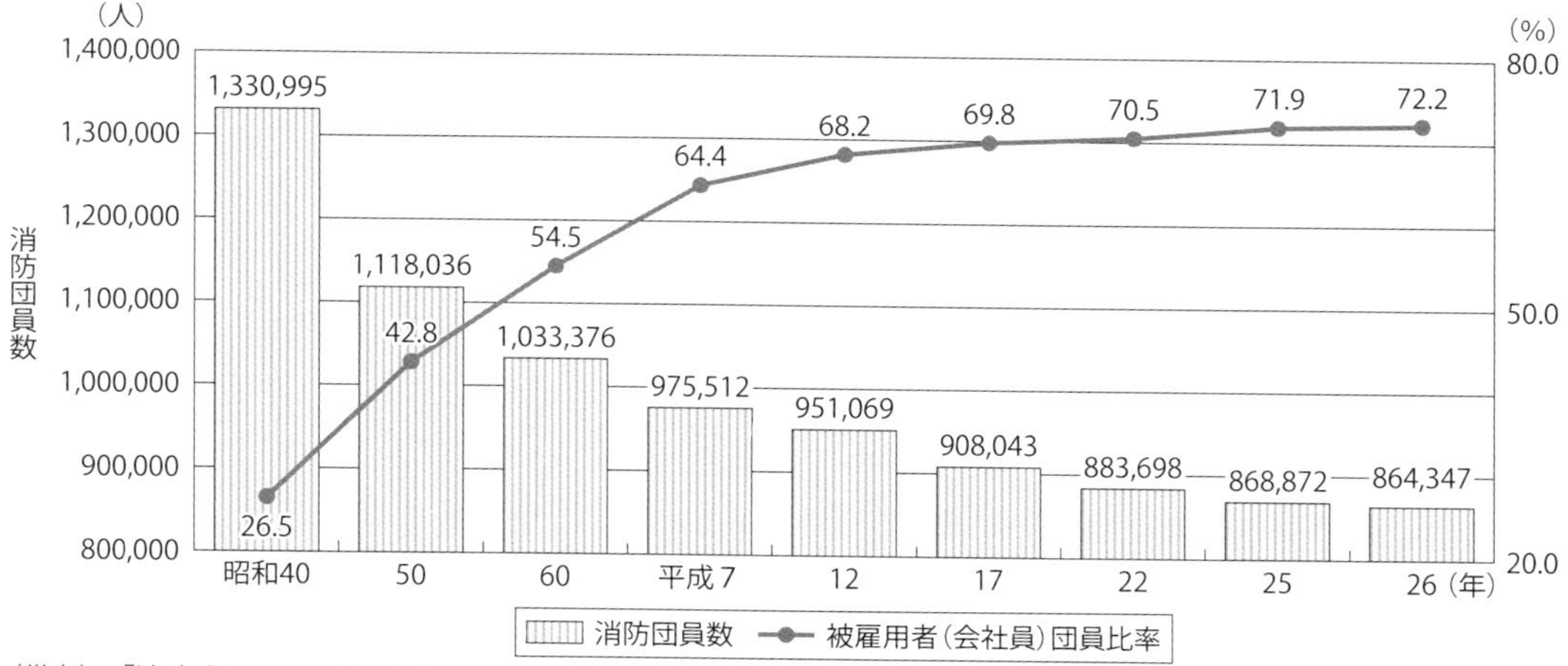

（備考）「消防防災・震災対策現況調査」により作成

とは言えないだろう。

消防団は、江戸時代の町火消《まちびけし》に由来する長い歴史を有しており、自らの地域は自らで守るという地域コミュニティの核であり、①地域密着性、②即時対応力、③要員動員力を有する消防機関である。私は消防庁長官当時、よく「消防団はAでありZである」と言ってきた。つまり、東日本大震災を例にとればわかり易いが、地震が来てまず出動するのは地域そのものの消防団であり、次に常備消防、県内応援隊、緊急消防援助隊が、この順番で駆けつける。そして、活動が終了して撤退するのはこの逆の順番であるが、消防団は地域そのものなので撤退はない。ただ、そのために、東日本大震災では殉職者198人という多大な犠牲を払った。第1章3でも述べたが、私が設置した「東日本大震災を踏まえた大規模災害時における消防団活動のあり方等に関する検討会」からは、平成24年8月に、例えば、津波到着予想時間が短い地域は退避を優先するなど安全確保を徹底する旨の報告書をいただいた。

自主防災組織

また、主に町内会や自治会が母体となって地域住民が自主的に結成し、自発的な防災活動を行っている団体が自主防災組織であり、平成26年4月1日現在、全国で15万6、840団体、

生き埋めや閉じ込められた際の救助（「平成26年版消防白書」より）

（平成8年（1996年）11月）

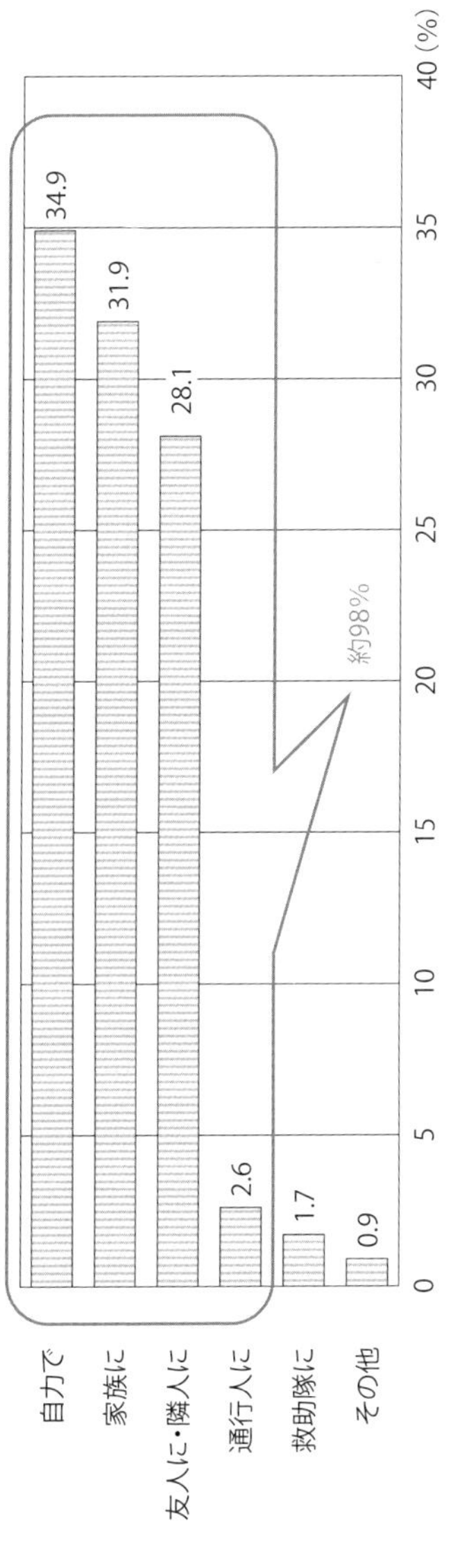

（出典）　社団法人　日本火災学会「兵庫県南部地震における火災に関する調査報告書」（標本調査、神戸市内）

地域世帯数は約4、453万世帯（世帯組織率80・0％）に達している。阪神・淡路大震災の統計では、救助された者の大半は、消防機関や自衛隊等の公的機関ではない一般市民によって救助されており、女性（婦人）防火クラブ（9、106団体、約138万人）や少年消防クラブ（4、558団体、約42万人）と併せ、今後の大災害に向けてその活躍が期待されている。

平成25年6月施行の改正災害対策基本法では、基本理念に自主防災組織の防災活動を促進することが明記され、市町村の責務として自主防災組織の充実を図ることとされた。第1章2で述べたように、こうした自主防災組織などの場を通じて、地域住民の方々が自らその身を守るための意識を高めていくことが防災の基本である。

消防団等充実強化法の制定

近時、東日本大震災を始め多くの災害が続発し、改めて地域の総合的な防災力の充実とその中核となるべき消防団の強化の必要性が叫ばれてきたが、平成25年12月に、衆議院総務委員長提出の形をとった議員立法の「消防団を中核とした地域防災力の充実強化に関する法律」が制定された。この法律には、①地域防災力の充実強化に関する計画の策定、②加入促進や処遇・装備の改善等による消防団の強化、③自主防災組織への援助など地域における防災体制の強化が謳われている。

一般職の国家公務員や地方公務員から、消防団員との兼職の求めがあったときは、原則として、これを認めねばならないとの具体の規定も設けられた。また、自主防災組織や女性防火クラブ・少年消防クラブ等の教育訓練においては、消防団が指導的な役割を担うとして、防災教育への消防団の関与が求められている。

この法律を受けて、消防庁に、消防団員の確保や処遇・装備の改善を検討する消防団充実強化対策本部が設置され、また、第27次消防審議会に、消防団を中核とした地域防災力の充実強化の在り方が諮問された。ただ、消防団の強化に関しては、これまでに何度も検討の場が設けられ、対策の案も既に出揃った感があり、今や議論ではなく実行あるのみだと考える。今回の一連の動きによって、必要な予算の確保が容易になり、また、当事者である市町村や住民の皆様の理解が深まれば幸いである。

シームレスな地域総合防災体制の構築

ここで、私の描く消防防災体制の将来像をご披露したい。私は、消防防災の担い手を強化するというときに、従来は、消防機関か自主防災組織、常備消防か非常備消防といった現行の制度を前提とした中でのそれぞれを強化するという議論にとどまってきたように思う。前述の消防団等充実強化法は、地域の防災主体を総合的に捉えようとした点で評価できるが、最も高度な防災力を有する常備消防との関係についての言及がないのが残念である。

立法関係者は、市町村の役割は記述したので、常備消防には触れなくていいと思ったかもしれないが、この章の3や第4章1で述べるように、市町村と特に広域化された消防本部とは別物(別法人)だということを忘れてはならない。

私は、常備消防を中心において、同心円状に防災力が形成される将来像を描いている。つまり、中心の円が常備消防だとして、次の円は予備役のような退職消防吏員と現在の消防団の若年や壮年のグループ、その次の円は消防団の中の年長者や女性防火クラブ・少年消防クラブ、さらに次の円は自主防災組織……といったイ

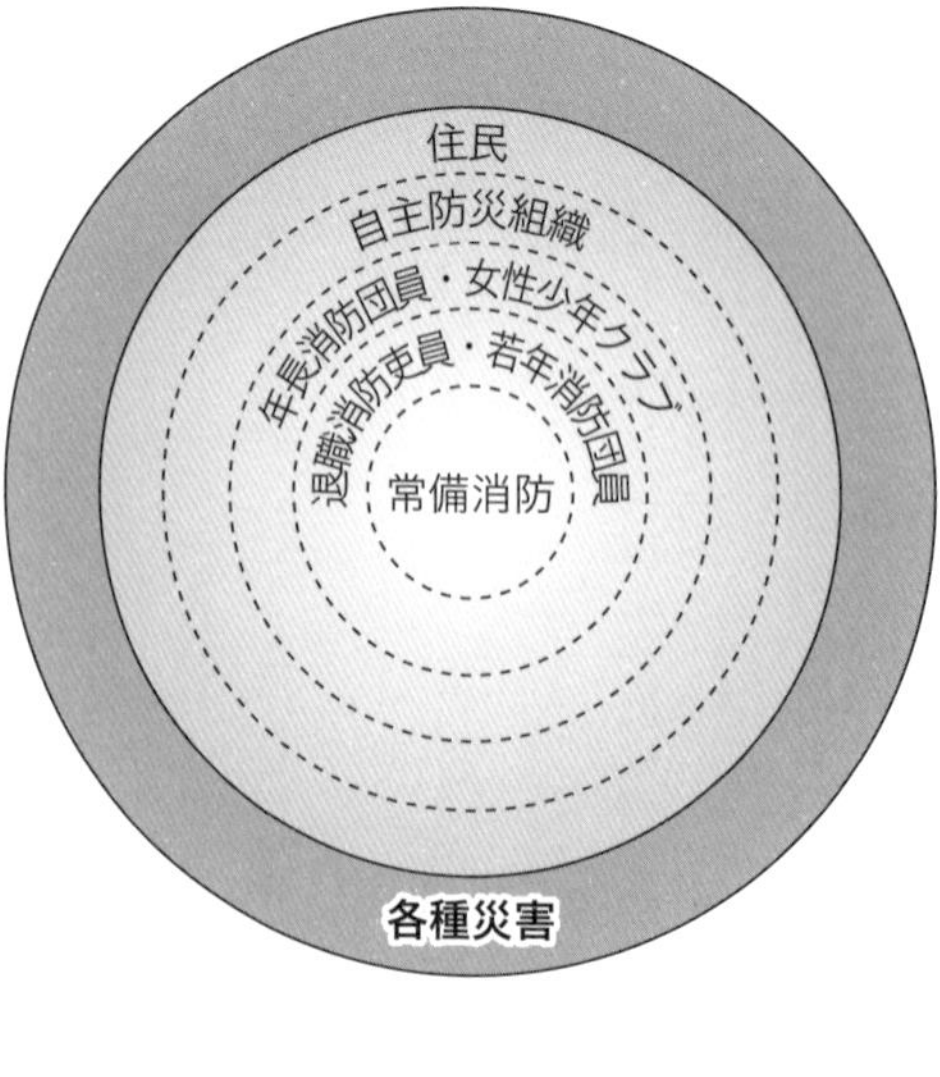

メージである。それぞれの境界はシームレスで明確に分かれてなくてよく、災害の種類や程度に応じて必要な人員が出動する。実際に現場に到達するのは外の円のグループからの順番になるだろう。

こう考えれば、消防団員を100万人に戻すといった数値目標にとらわれる必要もないであろう。

第3章　情報通信体制の整備

1　住民への情報伝達体制の充実強化

情報伝達体制のあり方

地震・津波を始めとする各種災害に対しては、地域の総合防災力の充実が重要であり、地域ごとに防災を考える場を作り、地域住民の方々が自らその身を守るための意識を高めることが最も大事である。市町村を始めとする行政は、こうした話し合いの場作りを支援することが急務だが、それとともに、いざというときに、住民の方々に気象警報や避難勧告などの正確な情報を迅速かつ確実に伝達する体制を構築することが求められる。

そして、住民は、こうした情報をもとに日頃から地域ぐるみで計画、訓練してきた方針に沿って整然と行動することが望まれる。私の消防庁長官在任中、東日本大震災を始め、平成24年4月の北朝鮮によるミサイル発射事案や同年5月の北関東における竜巻災害などを背景に、こうした住民への情報伝達のあり方が改めて重要な課題であることが浮き彫りになった。

住民への重要な情報伝達手段である市町村防災行政無線は、災害時において通信の輻輳や発信規制が行われることがないため、東日本大震災においても、市町村から住民への大津波警報や避難の呼びかけなどに活用された。後で述べる全国瞬時警報システム（Ｊアラート）と連携させ、市町村防災行政無線から自動的に放送できる仕組み（自動起動）を構築していたいくつかの市町村においては、地震の直後の混乱状態の中で大津波警報の第一報を自動起動で放送できたことが住民の避難に役立ったといわれている。

しかし一方で、この章の2で述べるように、沿岸部を中心とした地域では、地震や津波による倒壊・破損や電源喪失により、地上系の情報伝達手段はほとんど利用できなかった。

Ｊアラートの整備

Ｊアラートは、弾道ミサイル情報や武力攻撃情報は内閣官房から、津波警報や緊急地震速報等の気象情報は気象庁から、ともに消防庁を経由して、人工衛星を用いた地域衛星通信ネットワークによって地方公共団体等に送信し、市町村は、市町村防災行政無線等を自動起動することによって、国から住民に対し緊急情報を瞬時に伝達するシステムである。

平成19年に運用が開始されたが、市町村サイドでの整備は自治事務とされ、国費の助成もなかったため、整備にとりかかる市町村は少なかった。その後、麻生内閣が、平成21年度の補正予算で、整備費を全額国費とする交付金制度を導入したことによって普及が加速されたが、平

Jアラートの概要（「平成26年版消防白書」より）

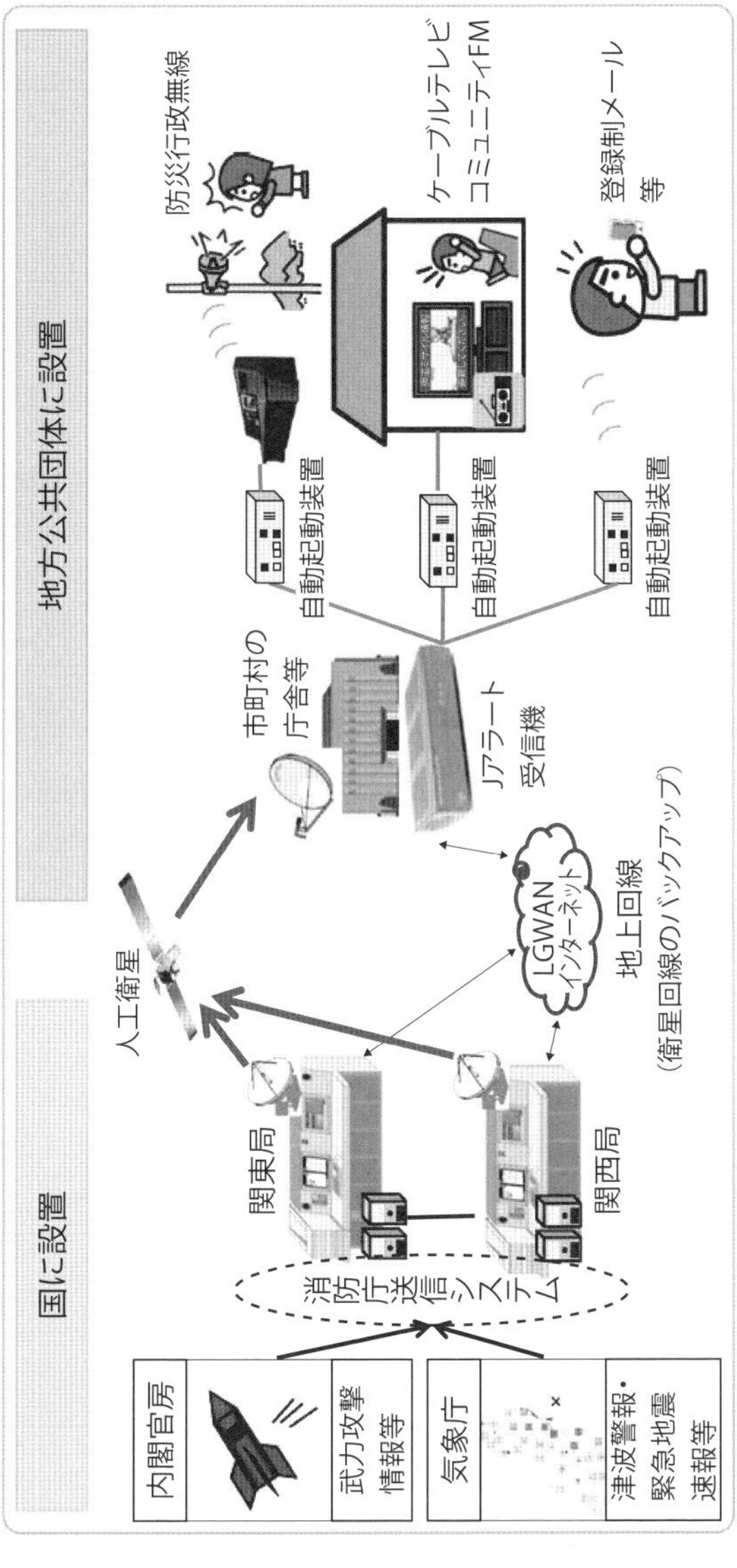

成23年3月の東日本大震災の発生時には、受信機が設置された市町村は46％（自動起動は22％）にとどまっていた。

この予算措置は翌22年度に明許繰越が認められ、さらに東日本大震災を理由に23年度まで事故繰越が可能とされたために、23年末の時点で、受信機設置市町村98・4％（自動起動61・2％）となり、ようやくほぼ全ての地方公共団体で受信機の整備が完了することとなった。

住民への情報伝達元年

平成24年に入り、4月の北朝鮮によるミサイル発射事案に際し、事前に沖縄県内においてＪアラートの放送試験を実施した。本番では、内閣官房がＪアラートを使用しなかったことが問題とされたが、放送試験においては、いくつかの市町村で機器の障害や設定の誤りがあったため、大きく報道で取り上げられることとなった。また、翌5月には、茨城県などで過去最大級の竜巻災害が発生し、改めて住民への情報伝達のあり方が議論された。

こうした状況の中、同年6月に、私は「地方公共団体における災害情報等の伝達のあり方等に係る検討会」を開催することにし、同年8月に、中間取りまとめをしていただいた。この検討会には、有識者や地方公共団体関係者の他、内閣官房、気象庁、内閣府、国土交通省の担当者にもメンバーに入ってもらい、まさに政府のこの分野における統一方針を打ち出したものとなった。

中間取りまとめでは、①自動起動は、市町村防災行政無線に限らず、コミュニティ放送や緊急速報メール、ケーブルテレビなど情報伝達手段の多重化、多様化を推進すること、②迅速性に優れた情報伝達手段の確保を図ることとし、全ての市町村において、平成24年度を含め5年間で、Jアラートによる自動起動が可能な手段を最低ひとつ確保すること等を提言した。これを受けて、平成25年度予算で、Jアラート自動起動機未整備市町村に対して全額国費を交付することとし、また、福島県内の市町村には福島復興再生基本方針を踏まえ、複数の手段でJアラートが自動起動できるための整備費を全額交付することになった。

また、これまでも消防庁では、関係省庁と連携し、Jアラート受信機を運用する全ての地方公共団体に毎月の受信機までの導通試験や、希望する地方公共団体が参加する年2回のJアラートを用いた緊急地震速報訓練を実施してきたが、さらに平成24年からは年1回、Jアラート受信機を運用する全地方公共団体が参加する全国一斉自動放送訓練を行うこととし、私が退官した翌日の同年9月12日に初めての訓練を行った。

遅まきながらとの感もあるので対外的には控えたが、私は在任中、庁内では、平成24年を「住民への情報伝達元年」と呼んだ。訓練の過程で、まだまだ不具合がでてくるだろうが、訓練はミスを発見し、是正するのが目的であるから、それを恐れてはならない。

2　衛星通信手段の確保

東日本大震災と通信回線

これまで、消防・防災の基本は、自らの命を自らで守ることであり、自主防災組織などの場を通じて地域住民の方々が自らその身を守るための意識を高め、行政としてはそのために必要な情報を迅速かつ確実に伝達することが重要であると述べてきた。しかしながら、東日本大震災の際には、地震と津波によって地上系の通信回線は、基地局や中継施設、伝送路などが破壊され、あるいは、停電したり通信が輻輳したために、発災直後からほとんど不通となった。

このため、被災地の多くの市町村では、1週間以上、NTT回線、携帯電話、防災無線等の地上系は途絶し、衛星通信が唯一の通信手段となった。NTTなどの民間通信事業者の衛星携帯電話は有効性を発揮したが、その操作には、屋外に出て、人工衛星の位置を探し出して電話機をそこに向ける必要がある。また、これらは公衆回線であるために、通信の幅輳の可能性は避けられず、さらには、情報伝達機能も音声通話が主体である。

これに対し、現在、私が理事長を努めている自治体衛星通信機構が運用する地域衛星通信ネットワークは、国と地方公共団体、地方公共団体相互間を結ぶ専用回線であり、音声のみならず大容量のファクシミリ・データ通信や映像伝送をも可能とするものであって、消防庁と被災県との間、被災県と同県内市町村との間の通信に

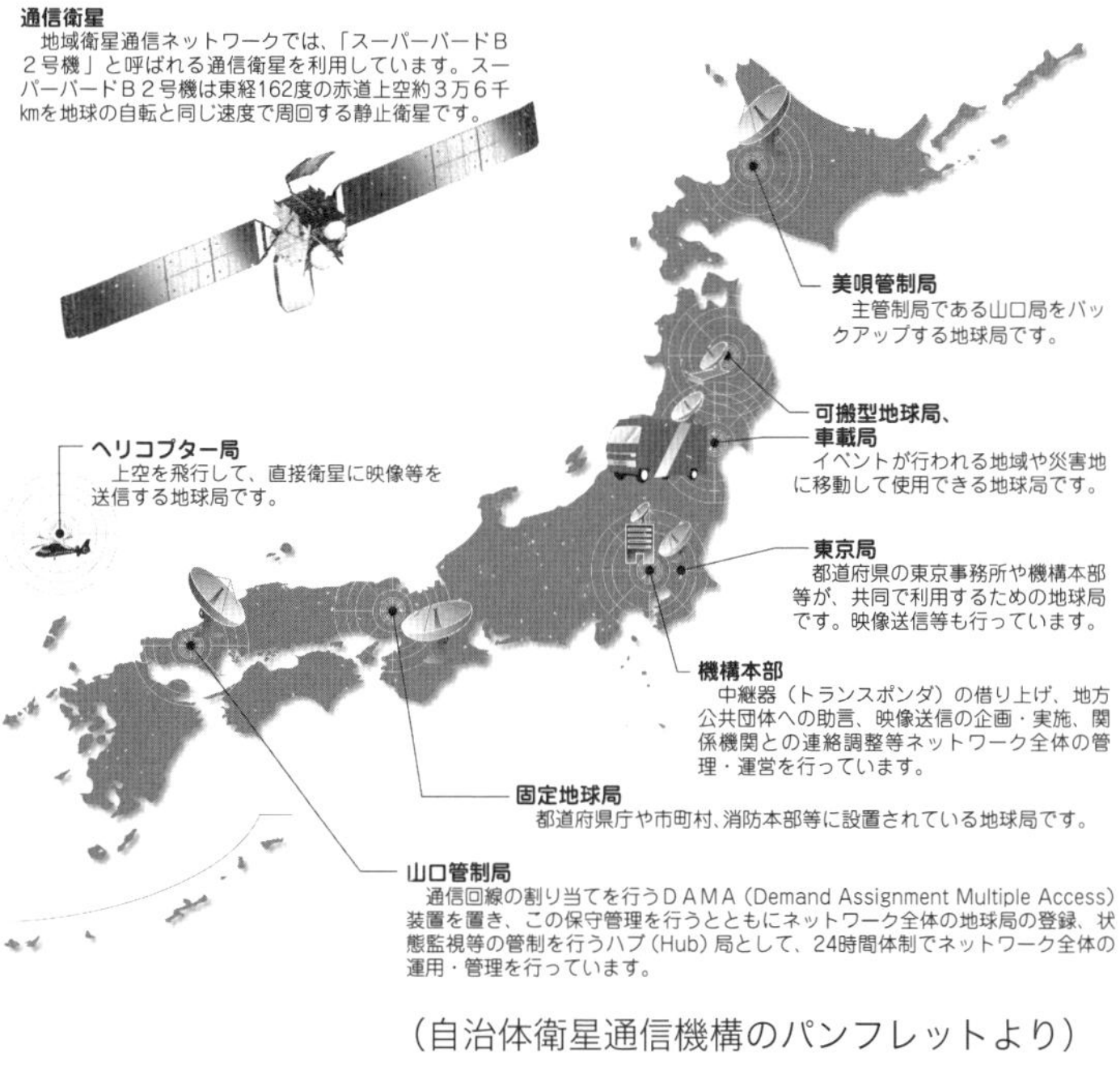

通信衛星
地域衛星通信ネットワークでは、「スーパーバードＢ２号機」と呼ばれる通信衛星を利用しています。スーパーバードＢ２号機は東経162度の赤道上空約３万６千㎞を地球の自転と同じ速度で周回する静止衛星です。
美唄管制局
主管制局である山口局をバックアップする地球局です。
可搬型地球局、車載局
イベントが行われる地域や災害地に移動して使用できる地球局です。
ヘリコプター局
上空を飛行して、直接衛星に映像等を送信する地球局です。
東京局
都道府県の東京事務所や機構本部等が、共同で利用するための地球局です。映像送信等も行っています。
機構本部
中継器（トランスポンダ）の借り上げ、地方公共団体への助言、映像送信の企画・実施、関係機関との連絡調整等ネットワーク全体の管理・運営を行っています。
固定地球局
都道府県庁や市町村、消防本部等に設置されている地球局です。
山口管制局
通信回線の割り当てを行うＤＡＭＡ（Demand Assignment Multiple Access）装置を置き、この保守管理を行うとともにネットワーク全体の地球局の登録、状態監視等の管制を行うハブ（Hub）局として、24時間体制でネットワーク全体の運用・管理を行っています。

（自治体衛星通信機構のパンフレットより）

利用された。

その通信設備は、震度7の地震にも耐えられるように設計されており、また、大部分の地球局が発動発電機を備えているため、被災地の県庁局に支障は生じなかった。さらに、市町村や消防本部にある小規模な地球局も、庁舎そのものが津波の直撃を受けたもの以外は、ほぼ正常に機能した。

通信の輻輳は全く生じておらず、同時に使われた通信回線数は、過去最大の195回線にのぼったものの、最大使用可能チャンネル数は492回線であるため、最大可能容量の40％にとどまった。

自治体衛星通信機構

自治体衛星通信機構は、都道府県防災行政無線の拡充・強化や行政情報・地域情報の発信・伝達の充実などのために、都道府県や市町村が共同利用する衛星通信ネットワークを構築する目的で、平成2年2月に、自治大臣及び郵政大臣から設立認可を受け、翌3年12月からその運用を開始した。

現在、スカパーJSAT保有の東経162度の赤道上空約3万6千㎞にある静止衛星スー

地球局の状況（平成26年４月１日現在）（自治体衛星通信機構のパンフレットより）

	県庁局	支部局	市町村局	消防局	その他局	車載局	自治体以外	合 計	内 第二世代局数
局数	47	742	1,784	468	448	34	34	3,557	1,153
CH数	1,006	1,639	2,270	727	584	103	124	6,453	

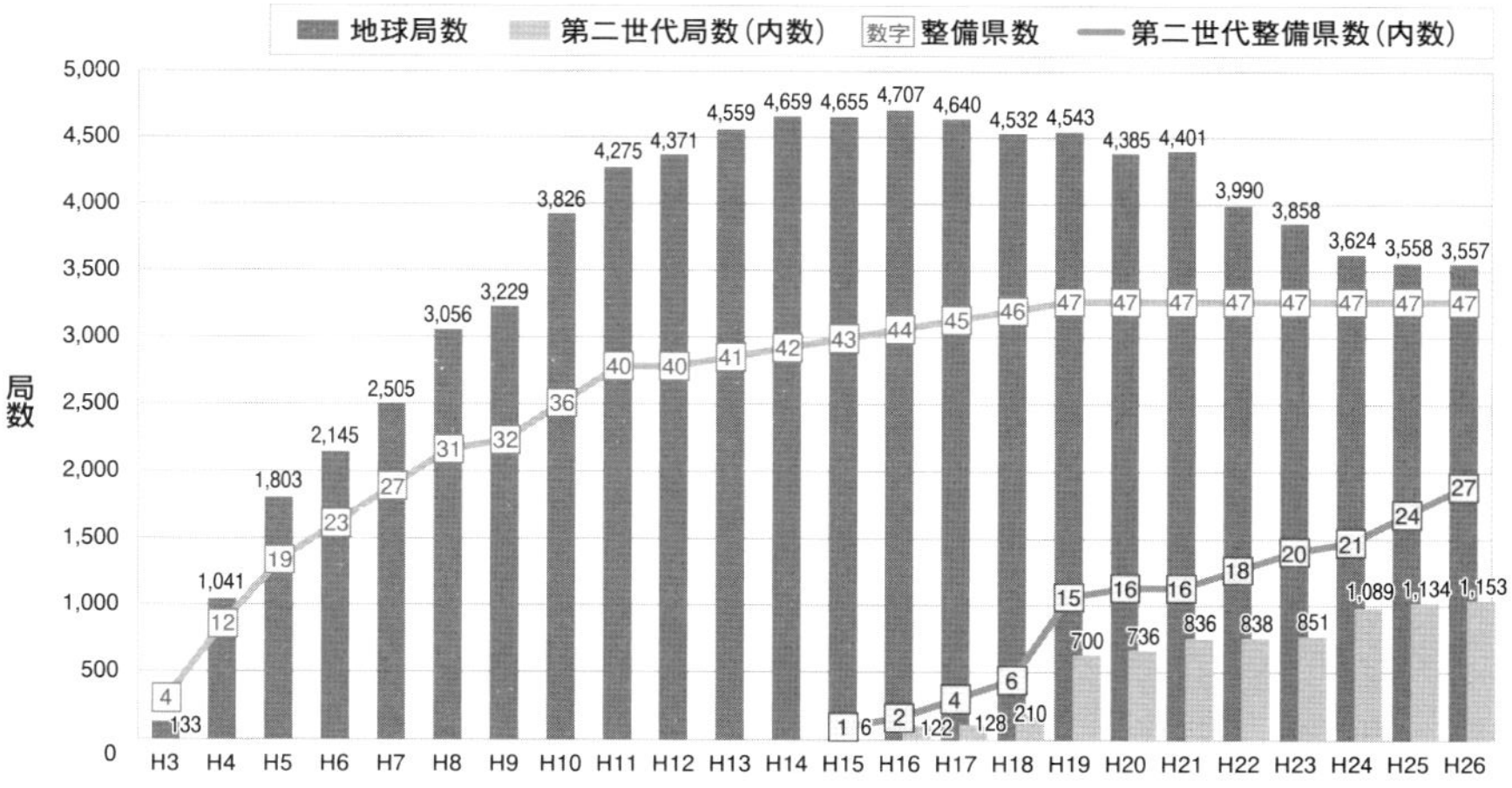

各年度末の局数（H26 は４月１日現在）

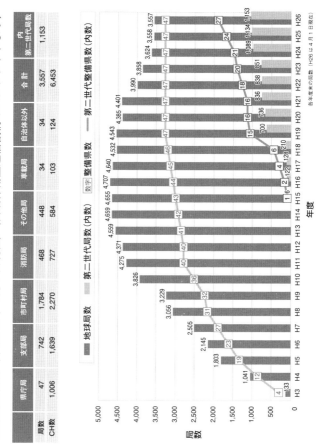

パーバードB2の中継器（トランスポンダ）3本を借り上げて運用しており、総務省、消防庁、全都道府県、約8割の市町村、約6割の消防本部が利用し、全国約3、500局の地球局を結ぶ世界有数のネットワークとなっている。平成15年4月からは、IP型データ伝送とデジタル映像伝送の機能を備えた第二世代システムの運用を開始した。

機構は、東京都港区に本部を置き、山口県山口市にネットワークの管制制御機能を持つ山口管制局、北海道美唄市に山口管制局をバックアップする美唄管制局、東京都千代田区の都道府県会館内に各都道府県東京事務所と機構本部が共同利用する地球局（東京局）を有している。

ネットワークの各地方公共団体における設備は、各都道府県ごとに整備されるため、管内のどこにどのような地球局を置くかとか、地上系防災無線との関係をどうするかは画一ではない。ただ、基本的には、都道府県の本庁舎内に大規模なハブの固定地球局が置かれ、各出先機関や管内の各市町村・各消防本部に小規模な固定地球局が置かれ、それぞれに必要に応じて可搬局や車載局が置かれることで、期待される役割が発揮できる。

この章の1で述べたJアラートは、この地域衛星通信ネットワークを用いているのである。また、その際、Jアラートの重要性について述べたが、Jアラートは、あくまで最初の警報であり第一報に過ぎない。

その後、武力攻撃や地震・津波などの災害が生じたときに、例えば、被災地から国に対して被害状況を伝達したり、応援の要請をする必要が生じるし、国や都道府県から入る情報に基づいて住民への避難勧告や避難誘導を行う必要が出てくるが、これらの情報交換が輻輳することなく、大量かつ確実に行えるのは地域衛星通信ネットワークしかないのである。

なお、第２章２で述べたように、消防庁の所有する５機の消防ヘリコプターに搭載されているヘリサットも、この地域衛星通信ネットワークを使用している。

地域衛星通信ネットワークの課題

過去10年間で我が国は、光ファイバー等の高速大容量の地上系情報通信網が加速度的に整備され、インターネットなどを通じて情報通信が安価に利用できるようになった。これに比べ、地域衛星通信ネットワークの利用コストが高いことは否めない。現在、各都道府県からは、分担金均等割として年間一律１６、５００千円を負担していただくほか、利用する全地方公共団体から、分担金応益割として1チャンネルあたり年間６万7、５００円を負担していただいている。

こうしたコスト的な理由あるいは市町村合併などによって市町村等に置かれる地球局の数が減少し、前述のように、市町村の約２割は未設置となっており、市町村に地球局が存在しない県が8にのぼっている。また、平成15年には機構のシステムは第二世代化されたものの、まだ第一世代を使用している都道府県が平成26年度末で15も残っており、機構は、平成15年以降も第一世代にも対応せざるを得ない運用を行っている。本書では、敢えてこれらの地方公共団体名は記さないので、ご関係の都道府県や市町村に照会されればと思う。

私は、平成26年4月に機構の理事長に就任した後、こうした機構の経営にも深刻な影響を及ぼす実情を把握し、東日本大震災で実証されたように、大災害時で唯一頼りになるのは、この地域衛星通信ネットワークしかないという認識が、少なからぬ地方公共団体の関係者に共有されていないのではないかとの思いを強くした。

そして、ユーザーに対する新たなサービスの提供などの検討を行うため、同年7月に、機構内部に私が本部長となる経営本部を立ち上げ、10月には、これに助言、提言をいただくために学識者、国・地方公共団体などの関係者からなる有識者会議を設置した。こうした検討を行いつつ、関係者に、地域衛星通信ネットワークの有用性への理解を深めていただかねばならないと考えている。

3　消防救急無線のデジタル化

デジタル化決定への経緯

消防防災分野の情報通信体制の整備については、消防機関内部の通信手段である消防救急無線のデジタル化も重要な課題である。消防救急無線は、消防本部と消防署、消防隊、救急隊などとの間を結ぶ通信網であり、緊急消防援助隊等の他の消防本部に属する応援部隊との通信にも不可欠である。

従来、消防救急無線は、１５０MHz帯によるアナログ方式で運用されてきたが、情報通信の飛躍的発展による電波（周波数）の利用環境の逼迫に対応した電波の有効利用を促す平成６年の郵政省電気通信技術審議会答申を踏まえ、平成８年、郵政省から消防救急無線のデジタル・ナロー化が要請された。

デジタル化されれば、明瞭な音声通話や文字情報等の大容量データ通信が可能となり、通信の秘匿性が向上する等のメリットがあるため、全国消防長会は、デジタル化を重ねて要望した。これを受けて、平成15年10月、電波法関係審査基準（総務省訓令）が改訂され、消防救急無線のデジタル化に向け、アナログ方式の使用期限が平成28年5月31日までとされた。

ただ、デジタル化（２６０MHz帯への移行）には多くの中継局が必要となる等多額の費用を要し、また、消防救急無線は応援部隊との通信にも使用されるため、全ての消防本部がデジタル化されるまでは、先行整備済みの消防本部もアナログを併用する必要がある等市町村に多大な負担を強いることとなる。

このため消防庁は、種々の検討を行った結果、平成17年7月に「消防救急無線の広域化・共同化及び消防指令業務の共同運用の推進について」という通知を発出、都道府県域1ブロックを原則とし、消防指令センターもできるだけ広域の共同運用にする旨検討するよう要請した。

そして、平成20年5月、郵政省告示の一部改正で周波数割当計画が正式に変更され、消防救急無線の平成28年5月31日のアナログ停波が確定した。

消防本部の広域化との関係

この間、平成18年6月に、消防組織法が改正された。同年2月の消防審議会答申を受けた形で改正されたもので、「市町村の消防の広域化」という一章が設けられ、消防事務の共同処理・事務委託を一層推進することとされた。同年7月には、同法第32条に基づく基本指針が示され、概ね人口30万以上の規模を目標として、平成24年度までに、消防本部の広域化を実現することとされた。次の第4章1で、この消防の広域化を取り上げるが、私は、消防庁長官就任以来ずっと、この一部事務組合や事務委託化を全国一律に強力に推進するという方針には違和感を抱いてきた。

基本指針に沿って、平成22年3月にまとめられた「消防の広域化を踏まえた消防のあり方検討会」報告書は、手戻りを避けるということで、デジタル化の整備や消防指令業務の共同運用の検討の前に、まずは消防本部の広域化を検討することが重要であるとして、基本指針の期限である平成24年度までに消防本部の広域化を実現させ、デジタル化の整備は、アナログ停波前2年（平成26・27年度）で行うとのスケジュール案まで示した。

消防への１１９番通報は、その発信された地域を所管する消防本部の消防指令センターに繋がり、消防指令センターの管轄区域が広いほど救急隊などの広域運用が可能になる。消防指令センターの管轄区域を広げるには、①市町村合併を行う、②一部事務組合・広域連合の創設・拡大や事務委託によって、消防本部を広域化する、③消防指令業務の共同運用によって、その管轄区域を広げることなどが考えられる。

私は、住民サービス向上の観点からも、むしろ平成17年通知にある消防救急無線の広域化・

共同化及び消防指令業務の共同運用こそ目指すべき政策課題であり、平成28年5月に向けて、着実に消防救急無線のデジタル化への準備を進め、必要な財源措置の確保にも全力を注いで市町村の不安を軽減することこそ、最優先で取り組むべきであったと考えている。

東日本大震災以後の新たな財源措置

私は、平成23年3月の東日本大震災の際、消防救急無線のデジタル化が全国で完了していれば、緊急消防援助隊と現地消防本部あるいは緊急消防援助隊の部隊相互間の通信において、無線の輻輳や混信がチャンネル数の増加によって抑制できたり、より的確な指示や車両の動態管理ができたのではとの思いを強くした。そして、新たな財源措置の創設を何としても実現させたいと思った。

デジタル化の財源措置は、従来、国費としては約45億円の緊急消防援助隊設備整備費補助金(補助率1/2)の対象とされてはいるものの、内数の保証もなく(実績としては、東京消防庁の一例があるのみ)、単独事業では、充当率90%で交付税50%算入の防災対策事業債の対象とされてきただけであったが、平成23年度3次補正で、緊急消防援助隊の東日本大震災での活躍を強くアピールすることによって、共通波整備費1/3補助の予算(98億円)を確保することができた。単独事業でも、充当率１００％で交付税70％算入の新たに創設された緊急防災・減災事業債の対象にできた。

翌24年度当初予算では、緊急消防援助隊補助金の枠内での共通波整備費１／２補助（20億円）にとどまったが、私の在任中に行った最後の概算要求（平成25年度当初予算）を踏まえて、平成24年度予備費（21億円）や同1次補正（61億円）で共通波整備費１／２補助が措置された。

さらに、翌25年度当初予算では、特定財源である電波利用料を活用した周波数有効利用促進事業（25年度〜28年度）が初年度の25年度には25億円（補助率１／２）で設けられ、消防救急無線や市町村防災行政無線のデジタル化移行整備費が対象とされたことは、まさに画期的と言えよう。

これらの新たな財源措置を背景に、現在、消防救急無線デジタル化の動きが本格化しつつあり、消防庁の最近の見通し（平成26年４月現在）では、整備着手率が25年度で72・６％、26年度98・３％、最終年である27年度では１００％に至るとのことである。

第4章　消防の広域的対応

1　消防の広域化

市町村消防と広域化の要請

戦前の消防は、警察の一部門とされ、東京都内は、内務省直属の機関である警視庁の下、警察署とともに消防署が設けられていたが、それ以外の地域は、各府県の警察部が消防を所管し、常備消防は、大阪や横浜などの大都市に設置されているだけであった。

戦後、内務省が解体された後の昭和23年に、消防組織法が制定され、消防は、警察から独立するとともに市町村が担うものとされた。警察も、昭和22年の警察法によって市及び人口５千人以上の市街的町村が担い、それ以外の小規模町村では国家地方警察（職員は国家公務員である地方事務官）が管轄するという二本立ての体制とされたが、講和条約発効後の同29年改正で戦前に近い都道府県警察になった。警察は、犯人が逃走するので広域捜査が不可避との観点からと思われるが、消防は、地方分権の基本原則である「住民に身近な行政は住民に近い市町村が担う」ものとされたのである。

その後、徐々に常備化が進み、現在1、718市町村中、常備消防未設置町村は35を数えるのみとなった。ただ、小規模で財政基盤の弱い市町村では、周辺の市町村とともに一部事務組合や広域連合を作ったり、近隣の市町村に事務委託することによって常備消防を営む工夫がなされてきた。現在、消防本部の総数は752となり、市町村数の半分以下であるのは、こうした地方自治法上の共同処理の手法を使った結果である。

一部事務組合や広域連合は、規約で定められた特定の事務を行い、その構成員であって総合行政を行う普通地方公共団体（都道府県や市町村）とは異なる法人格を有する特別地方公共団体である。

通常の火災や事故に対応するには、単独あるいは広域化された消防本部の態勢でいいが、大規模な災害が発生したときには他の消防本部の応援が不可欠となる。それぞれの都道府県内で結ばれている相互応援協定や既に述べてきた阪神・淡路大震災後の緊急消防援助隊の創設は、広い意味での消防の広域化の要請に沿った重要な仕組みとなっている。

また、第2章2で述べたように、都道府県は、消防学校の設置義務があるとともに航空消防隊の設置が可能とされているほか、平成21年の消防法改正で、救急搬送の実施基準を定めるものとされたことも、市町村消防を補完する措置なのである。

平成18年の消防組織法改正

消防庁は、常備消防の強化を目指し、平成６年には、消防広域化基本計画の策定を要請するなど消防本部の広域化を促してきた。平成18年６月には、同年２月の消防審議会答申を受けた形で、消防組織法が改正され、第４章「市町村の消防の広域化」として５ヶ条の規定が設けられた。

この改正では、消防団の事務を除く全ての消防事務を、複数の市町村で一部事務組合や広域連合を設置するか、他の市町村に事務委託することによって行い、消防体制の整備を図ることを消防の広域化と定義し（第31条）、消防庁長官が、広域化の推進のための基本的な事項や期間などを定めた基本指針を定めることとした（第32条）。

また、都道府県は、この基本指針に基づき必要があると認める場合は、広域化の組合せなどを定めた推進計画を定め（第33条）、広域化の対象とされた市町村は、そのための広域消防運営計画を作成するために協議を行い（第34条）、国は、地方債への特別の配慮や情報の提供など必要な援助を行うこと（第35条）とされた。

改正消防組織法に基づいて、平成18年７月には、平成25年３月31日を期限として、概ね人口30万の規模を目標として消防本部の広域化を実現する旨の基本指針が示された。基本指針を受けて、45都道府県は、それぞれの推進計画を定め、うち13県は、県内全域で一つの消防本部を目指す計画も策定した。

平成18年時点で811あった消防本部は、都道府県の策定した推進計画どおりに進めば、最小で約290になる見込みであったが、基本指針の期限である平成25年時点では、770にとどまった。奈良県では、現在、奈良市と生駒市を除く消防本部は一つになったが、奈良県始め県内一つの消防本部を目指した13県では、全てでその旨の協議は整わなかった。

元々、改正消防組織法が制定された時期は、第3章3で述べたように、消防救急無線のデジタル化を急がねばならないときであり、その前年の平成17年には、それとあわせて、消防指令業務の広域化に取り組むよう要請したばかりであったのに、この改正消防組織法の広域化の定義には、指令業務の広域化など消防事務の一部の広域化は含まれていない。

また、この時期は、政府を挙げて市町村合併に取り組んでいるときであり、平成17年4月からは、5年間の時限立法を中心とするいわゆる合併三法が施行され、平成の大合併に拍車がかかっていた。私は、平成11年から17年まで、市町村合併の推進を担当し、合併三法の立案にも携わったが、平成11年に、政府が市町村合併の推進に大きく舵を切ったとき、自治省は、一部事務組合や広域連合は、責任の所在が不明確であり、意思決定に時間や労力を要する（同年8月の市町村合併推進指針）と断言している。また、事務委託は、委託を受けた側の首長を委託した側の住民が直接選べないという課題を抱えており、採用する際には慎重な検討を要する手法であろう。

もとより、消防本部の広域化の機運がある地域を応援したり、小規模本部の解消を要請するのは当然のことであり、また、この間の関係者のご努力に敬意を表するが、全国一律に30万規模を目指すというのは、やはり無理があったように思う。第２章３で述べたように、一部事務組合などによる消防本部の広域化には、メリットだけではない面があることを忘れてはならないだろう。そこで紹介した二人の市長さんの言葉が胸にしみる。

第26次消防審議会

第26次消防審議会は、平成23年６月、東日本大震災の直後に任期２年で発足した。私は、大震災が起きる前には、この審議会で、消防本部の広域化を含む広い意味での消防の広域化のあり方や、豪雪、火山噴火等への対応といった消火、救急、救助等の典型的な業務以外についての対応を審議していただき、その過程で、消防本部の広域化の推進を定めた消防組織法第４章（平成18年改正部分）をどうするかを議論していただこうと思っていた。

しかし、東日本大震災が起き、この大震災を踏まえた今後の消防防災体制のあり方を急ぎ審議していただく必要が生じたため、それへの答申をいただいた後の翌24年3月に、改めて先程の点を諮問した。ただ、諮問の時点が当初の予定より遅れ、基本指針にある消防本部の広域化の期限が迫ってきていたため、とりあえず中間答申の形で基本指針をどうするかを審議していただき、翌25年6月の任期満了までに最終答申をいただくことにした。

私の退官直前になされた平成24年9月の中間答申を受けて策定された翌25年4月の新たな基本指針は、消防本部の広域化は、引き続き5年間推進するが、一律30万規模にはとらわれず、地域の実情を十分考慮して行うという妥当な内容となった。そして、平成25年6月11日の最終答申では、消防指令業務や予防業務などの一部の事務の共同処理も必要と明言したほか、緊急消防援助隊の今後のあり方についても検討されている。

今後は、消防組織法第4章「市町村の消防の広域化」の削除を視野に入れた見直しとともに緊急消防援助隊と国との関係をさらに徹底して議論していただきたい。消防は、市町村の責務であり、一部事務組合などによる共同処理は、あくまでもその補完である。こうした手法による広域化の推進が、時限措置ではなく恒久措置として消防組織法の本則に規定されている状態が長く続くのは、好ましいことではないだろう。

市町村の消防の広域化に関する基本指針の改正のポイント
（「平成26年版消防白書」より）

○　広域化を実現した消防本部においては、住民サービスの向上等の成果が現れており、**広域化は消防防災体制の強化のためには有効な手法**
○　また、平成24年度の期限後も小規模消防本部が多数存在することに加え、東日本大震災の教訓等を踏まえると、**広域化の推進による消防防災体制の整備がこれまで以上に必要**
○　ただし、平成24年度末までの広域化の状況を踏まえると、広域化の進捗は地域の実情によって左右される面があるものと考えられることから、**今後は、地域の実情を尊重することを基本として、以下のとおりの見直しを行う。**

項　目	改正後の基本指針	改正前の基本指針
広域化する際に目標とする消防本部の管轄人口規模	広域化対象市町村の組合せを検討する際には、30万の規模目標には必ずしもとらわれず、これらの地域の事情を十分に考慮する必要がある。	おおむね30万以上の規模を一つの目標とすることが適当
国・都道府県が支援の対象とする地域	（消防広域化重点地域） 広域化対象市町村の組合せを構成する市町村からなる地域のうち、広域化の取組を先行して重点的に取り組む必要があるものとして次に該当すると認めるものを都道府県知事が指定、国・都道府県の支援を集中的に実施。 ①　今後、十分な消防防災体制が確保できないおそれがある市町村を含む地域 ②　広域化の気運が高い地域	（広域化対象市町村） 都道府県が消防の現況、将来の見通しを勘案し、広域化を推進する必要があるものとして推進計画に位置づける市町村
広域化の実現の期限	平成30年４月１日 （５年程度延長）	平成24年度末

2　東京消防庁と大阪消防庁構想

東京都の消防

この章の1で述べたように、戦後の昭和23年に制定された消防組織法は、消防は市町村が担い、市町村長が管理するとして、市町村消防の原則を明らかにしている。ただ、東京都の場合は、都知事が管理するとされているため、市町村消防の例外と捉えがちであるが、特別区が連合して消防の責任を有するとされており、市町村消防の原則どおりなのである（消防組織法第26条から第28条）。

東京都は、そもそも、戦時中の昭和18年に東京府と東京市が合体してできたもので（東京都制）、旧東京市にあたる区域に各区が置かれ、帝都は、官選の東京都長官が所管するという戦時体制下の制度である。戦後は、首都の制度であると説明され、地方自治法にも引き継がれてきた。消防組織法は、市町村消防の原則を貫き、東京市にあたる区域の消防は、23区が連合して処理するとしながらも、いわば東京市長の地位を兼ねる存在の都知事が管理するとしたのである。

従って、東京消防庁は、23区の連合した消防本部であり、約1万8千人の職員を擁する我が国最大の消防本部であるが、東京市が存在しないため、その職員は都の職員とされている。消防団についても、法的には、23区が連合して設置し、都知事が管理するものであるが、条例によって団長の任命権が各特別区長に委任されており、各区ごとに消防団が置かれている。

また、市と人口5千人以上の市街的町村が警察を担うとした昭和22年の旧警察法でも同様に、警視庁は23区の連合した警察本部とされていた。警視庁は、戦前は内務省の機関であったが、自治体警察になっても関係者の要望に沿って、本来は、外局など国の機関に命名されていた「庁」を引き続き名乗ることになった。東京消防庁の場合も、法的には消防本部であるものの、戦前は警視庁の一部であったため、条例で同様の名称を使用しており、消防長のことも、警視庁にならって階級名を使い、消防総監と呼んでいる。

なお、市町村消防・市町村警察が自治体消防・自治体警察と呼ばれることがあるが、これは、戦前、都道府県は国の総合出先機関だったため、戦後間もない頃は、自治体と言えば市町村を指していたからである。

東京消防庁の管轄区域の拡大

このように、東京消防庁は、23区の連合した消防本部なのであるが、警察が、昭和29年の新警察法によって戦前に近い都道府県警察となり、警視庁も、国の機関ではないものの都の警察本部となってからは、戦前に警視庁が東京都内全域の消防を一元的に所管してきた歴史的経緯を背景にして、高い消防力を有する東京消防庁に都内全域をカバーしてほしいとの要望が、三多摩地区の多くの市町村からなされるようになった。

結局、市町村消防の原則を変更する立法措置は講じられず、昭和35年以後、地方自治法の事務委託によって、東京消防庁に常備消防を委ねる市町村が続出した。現在では、都内39市町村のうち29市町村が東京消防庁に事務委託をしており、単独で消防本部を設けているのは、稲城市の他は大島町、八丈町、三宅村の島しょ部町村に限られる。ただ、東京都内には、今なお非常備消防しかない村が島しょ部の利島村など6村存在している。

この章の1で、私は、事務委託という手法は、委託する側の住民が委託を受けた側の首長を直接選べないため、慎重な検討を要すると述べたが、東京の場合は、東京消防庁の管理者は都知事であり、23区以外の住民も都民として都知事の選挙権を有しており、東京には、むしろふさわしい手法なのかもしれない。

東京消防庁管轄区域

第一消防方面本部	丸の内	麹町	神田	京橋
	日本橋	臨港	芝	麻布
	赤坂	高輪		
第二消防方面本部	品川	大井	荏原	大森
	田園調布	蒲田	矢口	
第三消防方面本部	目黒	世田谷	玉川	成城
	渋谷			
第四消防方面本部	四谷	牛込	新宿	中野
	野方	杉並	荻窪	
第五消防方面本部	小石川	本郷	豊島	池袋
	王子	赤羽	滝野川	
第六消防方面本部	上野	浅草	日本堤	荒川
	尾久	千住	足立	西新井
第七消防方面本部	本所	向島	深川	城東
	本田	金町	江戸川	葛西
	小岩			
第八消防方面本部	立川	武蔵野	三鷹	府中
	昭島	調布	小金井	小平
	東村山	国分寺	狛江	北多摩西部
	清瀬	東久留米	西東京	
第九消防方面本部	八王子	青梅	町田	日野
	福生	多摩	秋川	奥多摩
第十消防方面本部	板橋	志村	練馬	光が丘
	石神井			

※ 平成26年４月１日現在、東京都内の市町村数は、特別区を除き、26市５町８村の計39市町村あり、26市中25市、５町中３町、８村中１村の計29市町村が東京消防庁に事務委託している。事務委託していない市町村は、以下のとおりである。

単独消防：稲城市、大島町、八丈島町、三宅村

非常備消防：利島村、新島村、神津島村、御蔵島村、青ヶ島村、小笠原村

大阪消防庁構想

大阪消防庁構想は、持論の大阪都の実現を目指し、大阪府知事を辞職して大阪市長選挙に立候補した橋下徹現大阪市長とその支持母体である大阪維新の会が、平成23年11月の大阪府知事・大阪市長ダブル選挙の公約として掲げたものである。

大阪消防庁構想は大阪都構想の象徴であり、法改正で都消防の創設を目指すと受け止める向きもあったが、前述のように、東京消防庁は特別区の消防本部であって都の消防本部ではない。当選後、橋下市長は、東京消防庁と同様に、現行法に基づいて、現在の大阪市消防局が他の市町村から事務委託を受けることによって管轄区域を広げたものが大阪消防庁であり、大阪都への移行に先駆けて実現させる方針であるとした。

ただ、東京消防庁へ事務委託が進んだのは、戦前から警視庁の一部として都内に常備国家消防が定着していたという特別な背景があったためであり、大阪府内の各市町村に常備消防が着実に育った今日、事務委託が進むには、まずは大阪市消防局が消防力の一層の強化を行うことが必要であろう。

現在、東京消防庁の消防指令センターは、都内の陸地部のほぼ全域をカバーしているため、救急車などの消防車両を広範囲に出動させることが可能である。橋下市長のねらいも、現在28

の消防本部に分かれている大阪府内の消防車両、とりわけ救急車の出動態勢を向上させようとするものであろう。

平成22年度に、大阪府内全域で消防庁の救急安心センターモデル事業を導入し、軽症者の救急搬送件数の減少をみたが、救急搬送態勢の向上には、やはり消防指令センターの管轄区域の拡大が重要である。ただ、これまで述べてきたように、そのためには消防本部の広域化だけではなく、消防指令業務の共同運用という手法もあり、例えば、千葉県では県内を二つの消防指令センターに再編しようとしており、こうした試みも参考になるのではないか。

大都市地域特別区設置法

平成24年9月に、議員立法による「大都市地域における特別区の設置に関する法律」が制定され、人口200万以上の政令指定市(周辺市町村との総人口が200万以上の場合も含む)は、以下の手続きを踏むことによって、廃止されるとともにその区域に特別区が設置できることとなり、特別区を包括する道府県は「都」とみなされることになった。

当該政令指定市（関係市町村も含む）と道府県は、まず、ともに議会の議決によって特別区設置協議会を設け、協議が整えば、それぞれの議会の承認を経たのち、政令指定市（関係市町村も含む）の住民投票で有効投票総数の過半数の賛成を得る必要がある。大阪府と大阪市が設置したこの協議会は、平成27年1月13日に、「同年5月17日に住民投票を行い、平成29年4月の都制移行を目指す」旨決定した。

仮に、全ての手続きがクリアできれば、前述したように、東京都の場合と同様、消防組織法によって、旧大阪市における消防は、特別区が連合して行い、大阪府知事がこれを管理することになると思われる。因みに、旧大阪市消防局の管轄区域が広がるためには、大阪府内の他の市町村から消防事務の委託がなされるか、一部事務組合などを設置する必要があることは言うまでもない。

3　都道府県消防構想と国家消防構想

救急業務と都道府県消防構想

戦後、警察（厳密には国家地方警察との二本立て）と消防は、共に市町村が担うこととされたものの、昭和29年に、警察は都道府県に移管された。前述したように、この際、消防も同様にすべきとの主張もあったが、今や市町村消防はすっかり定着した感がある。

ただ、人口30万規模を目標として消防本部の広域化を図るとの平成18年の基本指針を受けて、13県は、一部事務組合を拡大することによって県内全域を一つの消防本部にするとの推進計画も策定している。

30万構想や県内一つの市町村広域消防本部構想は、単一の普通地方公共団体が担う都道府県消防とは似て非なるものだが、いかなる背景で登場したのであろうか。基本指針の元になった平成18年の消防審議会答申は、30万構想の理由として、まず、一般火災への対応が充実することを挙げているが、火災が近接する複数の消防本部の管内で同時多発することは大地震災害時など以外では考えにくく、通常は他本部からの応援で対応可能であろう。

むしろ、重要なのは、同審議会答申が副次的に挙げている「この他、増加する救急活動への対応の強化」ではないか。医療圏を定めるのは、都道府県であり、これは、救急と密接に関係する。次章で述べるが、近時、救急出動件数は増加の一途を辿っており、平成21年の消防法改正では救急搬送の基準は都道府県が定めることとされた。この章の2で述べた橋下大阪市長の大阪消防庁構想も、救急への対応が背景にあると考えれば理解しやすい。

市町村消防が定着した今日、都道府県消防構想は非現実的だが、救急業務の観点からは魅力的ではあるだろう。また、選挙で選ばれた知事の下で総合行政を行う都道府県が消防を担う方が、30万構想や県内一つの市町村広域消防本部構想より望ましいとも言えるだろう。

第30次地方制度調査会は、平成25年6月25日の答申で、新たな市町村間の弾力的な広域連携や都道府県による補完・代行の必要性を唱えているが、消防ではとりわけ救急業務や消防指令業務において、広域対応が必要なことは論を俟たない。

緊急消防援助隊と国家消防構想

阪神・淡路大震災への反省で誕生し、平成15年に法制化された緊急消防援助隊の出動について、消防組織法は、消防庁長官にその指示権を与え、現実に東日本大震災で、私が初めてこの権限を行使したことは既に述べた。

また、有事法制の一環として平成16年に成立した国民保護法は、武力攻撃災害での消防に関して、消防庁長官に知事や市町村長への指示権を与え、関連する消防機関の活動は、自治事務とされている緊急消防援助隊の活動と異なり、国からの法定受託事務とされた。しかし、この場合も消防機関が国の機関になったわけではなく、警視正以上の地方警務官が国家公務員とされ、国家公安委員会に任命権があることで、警察庁長官の指揮権が実質的に担保されている警察とは全く事情を異にする。

東日本大震災とそれに起因する福島第一原発事故を契機に、緊急消防援助隊への国の関与を強めるべきではないかとの議論がおきた。米国の連邦緊急事態管理庁（ＦＥＭＡ）には、非常時にニューヨーク市などの消防隊員が連邦政府に一時的に雇用されるという制度（On-call職員）があるという。

我が国においても、例えば、①現在は、大都市消防がその役割を担っている指揮支援部隊を、消防庁の直属部隊にするといったことの検討や、②現在は消防庁長官の指示による出動に係るかかり増し経費は国が負担すると法定されているが、このような場合は国策で出動するのだから、その期間は国家公務員に併任するといった検討も必要であろう。また、緊急消防援助隊用の資機材や車両には、国からの１／２の補助制度が法定されているが、完全国費とすることを原則とし、規格の統一化も図る必要がある。

今もなお、双葉地方広域市町村圏組合消防本部の隊員は、日夜、福島第一原発の警戒区域内の警防活動を行っている。地域を守るのが消防の使命とはいえ、未だに高レベルの放射線が飛び交う過酷な状況下での活動には、全く頭が下がる。全国消防長会は、平成25年、福島支援全国消防派遣隊を結成されたが、こうした場合の消防には国の責任を強めねばならないだろう。

日本版FEMA創設の議論

米国のＦＥＭＡは、１９７９年に、大統領直属の機関として各省庁の災害関連部門を統合してできた組織であり、前述のように、非常時にはOn-call職員を招集できる。その後、９１１を契機として２００３年に、テロ対策も所管する新設の国土安全保障省（ＤＨＳ）に含まれることになった。

我が国においても、特に東日本大震災以後、国の危機管理能力を高めるため、①中央省庁の災害関連部門を統合する、②消防に関する国の関与を高める、との観点から、日本版ＦＥＭＡの創設が議論されることがある。②については前述したので、①について述べると、我が国は各省大臣が分担管理する議院内閣制を採りながらも、近時、官邸のリーダーシップ強化に伴い、内閣官房が各省庁を総合調整する場面が増えている。仮に、ＦＥＭＡあるいはＤＨＳのような機関ができても、総理の下で内閣官房がさらに調整を行わざるを得ない場面が残り、屋上屋を重ねることにならないか。

国の消防部門である消防庁は、定員１６９人の機関であり、常備約16・1万人、非常備約86・4万人の市町村消防の制度の企画立案や調整を行うことが任務であって、ＦＥＭＡのような直属部隊を有しない現状では、地方公共団体との調整を任務とする旧自治省（総務省）に属する方がいいと思う。消防からみれば、災害部門の統合という①の議論の前に、②の議論を尽くす必要があるだろう。

第5章　救急業務の状況

1　激増する救急需要への対応

救急業務の現状と課題

平成25年の救急出動件数は約590万件となり、10年間で22％増加し、病院への搬送人員は約533万人で、10年間で17％増加した。同年の火災出火件数は4万8千余であるから、119番通報は、救急が火事の100倍以上ということになる。私は、消防庁長官当時、機会を見つけては各地の消防本部を訪れ、可能な限り、その消防指令センターに入ったが、その間に実際にあった119番通報は、ほとんどが救急出動要請であった。

また、救急自動車による現場到着所要時間は、平成25年で平均8・5分となり、10年前に比し2・2分遅延し、病院収容所要時間は、同年で平均39・3分となり、10年前に比して9・9分遅延している。平成25年の救急出動件数の原因別内訳では、急病が63％、負傷や事故などが37％となり、傷病程度別搬送人員内訳では、死亡1・5％、重症8・9％、中等症39・5％、軽症その他50・1％となっている。

一方、平成26年4月現在の救急隊数は5、028隊となり、10年間で6・7％の増加、救急隊員数は6万0、634人となり、10年間で4・6％の増加にとどまっている。

渋滞時間の増減や道路の新設・廃止等の道路交通事情の変化を考慮しないとすれば、①消防本部の広域化や消防指令センターの共同運用等による可動救急車数の増加、②搬送先となる病院の迅速な選定、③搬送対象傷病者を重症者を中心にすることによる可動救急車数の確保、④病院に至るまでに可能な限りの応急処置を講じること、⑤搬送先の救急告示病院・診療所の維持・増加といったことが課題となってくるが、消防サイドのみの努力で解決できることは限られており、医療サイドの協力が不可欠である。①については、これまで述べてきたので、ここではその他の点について述べることにする。

消防と医療の連携

全国各地で救急搬送時の受入れ医療機関の選定困難事案、いわゆる「たらい回し」が急増しているとの指摘が相次ぎ、消防庁は、平成19年に実態調査を行ったが、特に産科医療の脆弱化を背景に、受入れ照会回数が1件につき4回以上の産科・周産期傷病者搬送事案は、平成16年の255件から同19年には1、084件と4倍に増加したことが判明した。

こうした状況を踏まえ、平成21年に、消防庁は厚生労働省と共同で、都道府県に「傷病者の

救急出場件数及び搬送人員の推移（「平成26年版消防白書」より）

（各年中）

区分／年	救急出場件数					搬送人員					(A)のうち急病による出動件数（B）	(A)に対する(B)の割合(%)
	全出動件数	うち救急自動車による件数（A）	うち消防防災ヘリコプターによる件数	対前年増加数	増減率（%）	全搬送人員	うち救急自動車による件数	うち消防防災ヘリコプターによる件数	対前年増加数	増減率（%）		
平成13年	4,399,195	4,397,527	1,668	215,074	(5.1)	4,192,470	4,190,897	1,573	193,205	(4.8)	2,478,811	56.4
平成14年	4,557,949	4,555,881	2,068	158,754	(3.6)	4,331,917	4,329,935	1,982	139,447	(3.3)	2,610,812	57.3
平成15年	4,832,900	4,830,813	2,087	274,951	(6.0)	4,577,403	4,575,325	2,078	245,486	(5.7)	2,819,620	58.4
平成16年	5,031,464	5,029,108	2,356	198,564	(4.1)	4,745,872	4,743,469	2,403	168,469	(3.7)	2,953,471	58.7
平成17年	5,280,428	5,277,936	2,492	248,964	(4.9)	4,958,363	4,955,976	2,387	212,491	(4.5)	3,167,046	60.0
平成18年	5,240,478	5,237,716	2,762	△39,950	(△0.8)	4,895,328	4,892,593	2,735	△63,035	(△1.3)	3,163,822	60.4
平成19年	5,293,403	5,290,236	3,167	52,925	(1.0)	4,905,585	4,902,753	2,832	10,257	(0.2)	3,223,990	60.9
平成20年	5,100,370	5,097,094	3,276	△193,033	(△3.6)	4,681,447	4,678,636	2,811	△224,138	(△4.6)	3,102,423	60.9
平成21年	5,125,936	5,122,226	3,710	25,566	(0.5)	4,686,045	4,682,991	3,054	4,598	(0.1)	3,141,882	61.3
平成22年	5,467,620	5,463,682	3,938	341,684	(6.7)	4,982,512	4,979,537	2,975	296,467	(6.3)	3,389,044	62.0
平成23年	5,711,102	5,707,655	3,447	243,482	(4.5)	5,185,313	5,182,729	2,584	202,801	(4.1)	3,562,208	62.4
平成24年	5,805,701	5,802,455	3,246	94,599	(1.7)	5,252,827	5,250,302	2,525	67,514	(1.3)	3,648,074	62.9
平成25年	5,912,623	5,909,367	3,256	106,922	(1.8)	5,342,653	5,340,117	2,536	89,826	(1.7)	3,728,806	63.1

（備考） 1 「救急業務実施状況調」及び「消防防災・震災対策現況調査」により作成
2 東日本大震災の影響により、平成23年中の釜石大槌地区行政事務組合消防本部及び陸前高田市消防本部のデータは除いた数値により集計している。

搬送及び傷病者の受入れの実施に関する基準」の策定とこの実施基準に関する協議会の設置を義務付ける旨の消防法の改正を行った。救急告示制度による救急病院及び救急診療所の認定と初期・第二次・第三次救急医療体制の整備は、都道府県が定める医療計画の下で一元的に実施されているからである。

現在、全都道府県において、協議会が設置されるとともに実施基準も策定されるに至った。ただ、実施基準で最も重要なことは、短時間でどの病院が救急搬送を受け入れることになるのかを決める具体的なルールが明確に定められることであり、常に実施基準の検証・改善が不可欠である。

平成25年の実態調査では、受入れ照会回数が1件につき4回以上の重症以上の搬送事案は1万5、132件、全体の3・4％で同21年に比して15％増加し、現場滞在時間30分以上の重症以上の搬送事案は2万3、950件、全体の5・4％で同21年に比して34・4％増加しており、改正消防法の効果は未定である。

搬送先に到達するまでの対応

激増する救急需要に対して、主として消防サイドで講じうる対応としては、真に救急搬送を必要とする傷病者に対して迅速に救急出動することと、病院に搬送されるまでの間に可能な限りの応急処置を施すことである。

前者については、私が長官当時の平成23年度に、消防庁に「社会全体で共有する緊急度判定（トリアージ）体系のあり方検討会」を設け、傷病者の緊急度に応じた最適な救急対応策を選択できる仕組みづくりを構築するための検討を行って、家庭、電話相談、１１９番通報、救急現場の各段階における緊急度判定基準を策定し、翌年度には実証検証を行った。今後も、医療サイドの協力を得ながら、ＩＣＴの活用を含め、緊急度判定基準の精度が高まり、各消防本部での導入が可能となるよう検討を深めていただきたいと思う。

これに関連して、一般市民への電話による救急相談事業も推進した。即ち、１１９番通報は、症状が重いなどの緊急度の高い通報に限っていただくよう、短縮ダイヤル「＃７１１９」により、高度な救急相談が受けられる救急安心センターモデル事業を実施した。

また、後者の救急隊員の行う応急処置については、平成３年に救急救命士制度が導入され、医師の指示や指導などのメディカルコントロールの下、現在、除細動、気管挿管、アドレナリン投与などの一定の処置を講じることが可能となった。平成26年４月現在、救急救命士を運用している消防本部は７５２本部中７５１本部、救急隊では５、０２８隊中４、８９７隊にのぼっており、救急救命士の資格を有する消防職員は3万1、015人、うち2万3、567人が業務に従事している。

さらに、救急隊が現場に到着するまでに、現場に居合わせた一般市民による応急手当が適切になされれば、大きな救命効果が得られるため、一般市民への応急手当の知識と技術の普及は重要である。全国の消防本部による平成25年中の救命講習の受講者は149万余にのぼり、心肺機能停止の時点を一般市民に目撃された件数の51・1%は、彼らによって応急手当が実施されるなど、消防機関は、応急手当の普及啓発の担い手としての役割も果たしている。

民間病院への地方財政措置の拡充

救急告示病院・診療所の全国総数は、平成21年4月の4、319から平成26年4月には4、185と減少し、特

救急医療機関の告示状況

			平成21年	平成22年	平成23年	平成24年	平成25年	平成26年
病院	国立		171	167	167	167	167	183
	公立		738	748	735	754	751	747
	民間		3,029	3,003	3,012	3,069	2,932	2,930
		公的等	373	334	352	347	335	316
		私的	2,656	2,669	2,660	2,722	2,597	2,614
	計		3,938	3,918	3,914	3,990	3,850	3,860
診療所			381	374	367	375	351	325
合計			4,319	4,292	4,281	4,365	4,201	4,185

に国公立以外の民間病院数は３、０２９から２、９３０になっている。

私が総務省自治財政局長であった平成20年度に、「公立病院改革ガイドライン」を踏まえ、公立病院を有していない市町村が、公的病院に対して、不採算地区病院の医療機能を有するものとして助成した場合に特別交付税措置を講じるという制度を創設した。翌21年度には、対象施設を公的病院から公益法人立等へも拡充し、対象医療機能も救急医療、周産期医療、小児医療に拡大した。

さらに、平成23年度には、公立病院を有しているか否かにかかわらず、公的病院等に対して助成を行っている全ての都道府県や市町村が対象となった。関係の地方公共団体や医療機関の方々が、こうした財政措置も活用して、地域の安心・安全の確保にご尽力されることを期待する。

2　各国の救急業務と有料化問題

我が国の救急業務

消防法及び同法施行令は、救急業務とは、災害等により生じた事故又は生命に危険を及ぼすか著しく悪化する恐れがあると認められる症状を示す疾病に係る傷病者を、救急隊によって医療機関等に搬送することを言う。また、道路交通法では、緊急走行ができる緊急自動車で、傷病者の緊急搬送が行えるのは、医療機関等以外では消防機関の車両に限られており、民間事業者が救急搬送を行うために緊急走行することは認められていない。

我が国で最初の救急車は、昭和6年に日本赤十字社大阪支部に配備され、消防機関では、昭和8年に神奈川県警察部に属する横浜市山下町消防署に配備された。各市町村消防に救急業務が義務化されたのは、昭和38年の消防法改正によるものである。

諸外国の消防と救急業務

米国では、多くの州は市町村が消防も救急業務も担っているが、消防機関以外の民間事業者も救急業務に携わることが一般的である。英国では、消防は県又は市町村の組合が行っており、救急業務は国民健康サービス（NHS）が実施し、民間事業者にも開放されているが、緊急性の高い救急業務はNHSの独壇場のようである。

フランスでは、消防は県が行い（大都市のパリでは陸軍、マルセイユでは海軍が担っている）、救急業務は消防機関と救急医療援助組織（SAMU）が連携して実施し、民間事業者も利用されている。ドイツでは、消防は市町村が担っているものの、救急業務は州によって異なり、消防機関や赤十字等が担っており、民間事業者も参入している。

　このように、我が国と異なり、消防機関以外の部門が救急業務を行ったり、民間事業者が参入している国は少なくない。また、これまでも考察してきたように、救急業務は医療機関との関係が深いために、当然に市町村消防が行うものとは言えないことがうかがえる。

救急業務の有料化問題

　救急需要が増加している昨今、軽症者や不適正利用者の救急搬送は有料にすべきではないか、有料にすることで需要抑制が図られるのではないかといった指摘がなされることがある。

　昭和38年に救急業務が法制化された際の消防審議会答申は、「救急業務に要した費用は徴収しないものとする」とわざわざ明記しており、当時からこの議論があったことを示唆している。最近では、消防庁の平成18年3月の検討会報告書は、「救急サービスの有料化についても国民的な議論の下で、様々な課題について検討しなければならない」とし、平成23年5月の検討会報告書も、この報告書の記述をそのまま引用している。

　私は、国民的議論に委ねる前に、明確にしなければならない論点があると思う。そもそも、国民から徴収した租税を財源とすべき近代国家やその公的部門の最低限の役割は、十九世紀のドイツの政治学者ラッサールの批判する夜警国家であっても、国防、治安であり、その次は消防防災であろう。

諸外国で救急業務を有料にしている事例をみてみると、その多くは、救急業務を公的部門のみならず民間事業者にも開放している。我が国でも、例えば、学校、病院、美術館などは、公的部門が公共施設・公の施設として設置・運営するだけでなく、民間事業者も経営している。このように民間事業者にも経営が認められている施設や事業を公的部門が設置・運営する場合に、民間事業者と同様に受益者から使用料（料金）を徴収しているのが一般的であり、中でも経営が独立採算さえ可能なものを公共企業体とか地方公営企業と呼んできた。

救急業務の有料化の議論は、まず、現行制度のように救急業務を消防機関にのみ義務付けるのか、あるいは、諸外国のように民間事業者の参入を認めるのかという論点の整理が必要であろう。

また、仮に救急業務を有料にした場合、低所得者や高齢者などの他に重篤な傷病者も減免の対象にすべきとの議論がおきるのではないか。誰が無料で搬送されるべき重篤な傷病者なのかの基準は、即ち前述した緊急度判定基準と同じはずであり、需要抑制のために有料化にするという本末転倒のやり方ではなく、正面から堂々と、誰を搬送すべきかの議論を尽くさねばならない。

何年か前に、米国テネシー州のある市で、利用料を払えなかったために消防が出動せず、家が全焼したという報道があったが、私には到底理解ができない。

埼玉県消防防災ヘリ墜落事故

私が消防庁長官に就任する直前の平成22年7月25日、埼玉県秩父山中で遭難した登山者を救助するために出動した同県消防防災ヘリが墜落し、救助隊員など5人が死亡するという大変痛ましい事故が起きた。

当時、埼玉県議会では、こうした需要を抑制するために「埼玉県防災航空隊の緊急運航業務に関する条例」を制定し、消防防災ヘリの救助活動は有料にするべきとの議論が高まったが、最終的には条例の附則に「山岳遭難に係る緊急運航に要した費用の遭難者等による負担及びその他の必要な方策について早急に対応するものとする」との文言を入れることで決着した。

救助活動は救急業務と異なり、民間事業者も行えるものではあるが、有料でヘリ活動を行う場合には、航空法による航空運送事業の許可が必要であり、そもそも、行政機関が事業者となることは想定されていないものと思われる。埼玉県の場合も、危険な山岳への登山者の入山を制限しようとするのなら、正面から堂々と、入山規制条例の制定の可否を議論すべきではなかったのか。

第6章　火災予防行政の状況

1　福山市ホテル火災と適マーク制度

福山市ホテル火災と長官調査

私が消防庁長官を務めた2年2か月のうち、建物火災で最も多くの犠牲者を出したのが、平成24年5月13日に、広島県福山市のホテルプリンスで起きた火災であり、7人が死亡した。

出火原因は不明であるが、1階の事務所から出火した火災は、炊事場などに延焼し、木造部分の天井面を燃え抜け、2階客室に延焼した。階段部分は防火区画（たて穴区画）がないため、発生した火災や煙は上階に拡大するとともに廊下を経由して各客室に流入し、大惨事となったものである。

この建物は、まず、昭和35年に木造2階建で造られ、

広島県福山市ホテルプリンス火災

昭和43年に建築された鉄筋コンクリート造4階建とが昭和49年に接続されて一体利用されることになったが、昭和46年の建築基準法改正（防火基準強化）以前に建築された建物のため、当初は、建築基準法上の既存不適格（改正法が不遡及とされているために違法建築ではない状態）と考えられた。しかし、後に、昭和62年の大幅な改築の結果、昭和46年の改正基準を満たす必要が生じていたにもかかわらず、建築確認申請が行われずに違法建築状態となっていたことが判明した。

私は、直ちに、平成15年の消防法改正で設けられた消防庁長官による火災原因調査権を行使し、消防庁本庁及び消防研究センターから7人の職員を現地に急行させた。この調査結果は、平成25年5月28日にまとまったが、建築物の構造が耐火構造でないことや、階段部分に防火区画（たて穴区画）が設けられていなかったことで火災や煙が拡散したこと、自動火災報知設備の受信機が2系統に分かれ、連動しなかったこと、有効な消火活動や避難誘導が行われなかったこと等が指摘された。

全国一斉緊急点検

私は、さらに、この建物同様、昭和46年の建築基準法改正以前に建築された収容人員30人以上かつ３階建以上のホテル・旅館等で、現行の防火基準に適合していない防火対象物について、全国一斉に緊急点検することとし、２度にわたって調査したが、２度目の平成25年２月報告分では、７０３施設中、消防法違反は51・４％、うち重大な違反があるものは５・０％という結果となった。重大な違反とは、屋内消火栓設備、スプリンクラー設備又は自動火災報知設備のいずれかの設備が、その設置義務部分の床面積の過半にわたり設置されていないものをいう。

なお、福山市のホテルは、前述のように、単なる既存不適格ではなく違法建築であったが、そうなった昭和62年から平成23年まで５回にわたって査察が行われたにもかかわらず、これを放置してきた福山市当局の責任は重い。また、消防法上も、消防用設備の点検結果の未報告などの違反があったのに、火災までの９年間に立入検査を全く行ってこなかった地元消防本部も問題である。

新たな適マーク制度の創設

そして、私は、このホテル火災を教訓に、建築基準法上の防火基準への既存不適格の建物に対して、消防としてより有効な対応をすべきであると決意した。即ち、昭和55年11月20日に死者45人を出した栃木県川治プリンスホテル火災を踏まえて、昭和56年５月に創設されたいわゆる適マーク制度の復活である。この制度は、平成13年9月1日に死者44人を出した新宿歌舞伎町ビル火災を契機に、有資格者による点検義務が法制化されたことに併せて、平成15年9月に廃止されていた。

ただ、私の一存で決めるべきではないので、消防庁に置かれている「予防行政のあり方に関する検討会」の下に「ホテル火災対策検討部会」を設け、学識者や実務担当者に集まっていただき、ホテル・旅館等の火災被害防止対策及び火災予防行政の実効性向上等に関する検討を行っていただくことにした。

同検討部会は、精力的に検討を重ね、平成25年7月17日に報告書を取りまとめられた。報告書は、①現在は床面積300㎡以上に設置が義務付けられている自動火災報知設備を、それ未満の小規模なホテル・旅館等にも義務化することへの検討が必要、②福山市ホテル火災の防火対象物への地元消防本部の立入検査が、過去9年間未実施になっていたことを踏まえ、計画的な立入検査が実施される体制の整備とともに、危険性・悪質性の高い違反について、選別して厳格な違反処

新たな適マーク

理に移行する体制の整備が必要、③ホテル・旅館等に対して、消防法令に加えて重要な建築基準への適合性も確認していた「旧適マーク制度」の点検項目を基本とし、事業者の申請に基づき、消防機関が認定する新たな表示制度を整備することが必要などと提言した。

この提言を踏まえ、消防庁は、平成25年10月31日、「防火対象物に係る表示制度の実施について」という次長通知を発出した。収容人員30人以上かつ3階建以上のホテル・旅館等（その他の建物は地域の実情で追加可能）について、関係者からの申請があれば、消防長又は消防署長は、消防関係法令に適合していること及び建築基準法令に基づく防火基準に適合していることを審査し、表示基準に適合している場合は「表示マーク」を交付するというものである。

この新たな適マークは、原則として、平成26年4月から交付申請が受付けられ、同年8月以後に表示マークの掲出及び使用が開始された。

2　火災予防行政を巡る議論

あり方検討会での当初の議論

平成22年7月に私が消防庁長官になった当時、既にその年の4月から、消防庁に置かれている「予防行政のあり方に関する検討会」の下に「基本問題に関する検討部会」が設けられ、「今後の火災予防行政の基本的な方向」をどうするかといった検討が開始されていた。同検討会の基本認識は、近年は、火災被害の中心がデパートやホテル等の大規模事業所から、雑居ビル等の小規模事業所や社会福祉施設、一般住宅に移っているというものであった。

そのうち、一般住宅については、平成23年6月1日から全ての住宅に住宅用火災警報器の設置を義務付ける旨の消防法改正が平成16年になされており、現に、私の任務の一つは、この改正法施行日までに、できるだけ多くの住宅にその設置を促すことであった。因みに、同法施行日における全国の設置率は、推計で71・7％となった。

同検討会は、こうした認識の下、小規模事業所等を中心とした火災予防の実効性の向上を図る方策の検討と、各事業所等に求められる防火性能の水準を再整理した上で、規制体系を全面的に再構築するという極めて大胆な検討とを進めていた。

そして、同検討会は、平成22年12月に「今後の火災予防行政の基本的な方向について」という報告書を取りまとめ、火災予防の実効性向上に関しては、①管理開始届出の法定と防火に係る自己診断の導入、②複合ビル等の防火管理・責任体制の明確化、③製品火災に係る原因調査の充実の三点について法制的手当を講ずるとともに、規制体系の再構築に関しては、35種類ある現行の用途区分を再編・大括り化しつつ、それぞれの用途区分について、防火・防災上必要とされる安全性能の水準を事業所等の規模に応じ、原則として5～6段階程度に整理すべきと提言した。

また、平成22年5月の公益法人事業仕分けで指摘された検定の見直し等についても、法制的手当を講ずるというものであった。しかしながら、この提言に基づく消防法改正案は、優先順位が低いとの当時の与党の判断で、平成23年通常国会への提出は見送られることになった。

東日本大震災も踏まえた更なる検討

この報告書の提言については、実は、実務を担う消防機関等からその意見が反映されていないとの批判が寄せられていた。私は、事務方を通じて同検討会に、消防機関等との意見交換を十分行って再検討していただくようお願いし、平成23年3月に発生した東日本大震災の教訓も踏まえて、同検討会は、同年12月に「『今後の火災予防行政の基本的な方向について』を踏まえた対応について」という報告書を改めて取りまとめられた。

新たな報告書は、火災予防の実効性向上に関し、①防火に係る自己診断の導入と使用開始届出の実効性向上については、従来どおり、各市町村の条例で対応すること、②複合ビル等の防火管理・責任体制の明確化については、統括防火管理者の選任を法的に義務付け、これに各防火管理者への指示権を付与するとともに、東日本大震災を踏まえ、大規模・高層建築物について、同じく統括防災管理者の選任を法的に義務付け、これに各防災管理者への指示権を付与すること、③火災原因調査のため、消防機関に製品製造業者等に対する資料提出命令権等を付与することを提言した。

また、前回の報告書の主要なテーマであった規制体系の再構築については、そのことによって部分的に規制の強化や緩和が生じることへの対応の難しさや、新たな規制体系を不遡及にすれば、二つの法体系が長年にわたって存在するという不都合等が指摘され、全面的な再構築は行わず、福祉施設に係る用途区分等の整理にとどめるとの現実的な提言となった。

事業仕分けにおける指摘事項への対応については、消防用機器等の違法な流通を防止するため、総務大臣によるリコール命令権を創設することや、消防用機器等の検定制度のあり方等についても指摘に沿った提言がなされた。

平成24年の消防法改正

「今後の火災予防行政の基本的な方向」を巡る議論は、以上のように、当初はかなり理念的で抜本的な改革を目指す方向で議論が進められてきた。確かに、「現在の消防法令は、建築物等の用途や規模に着目して、火災予防のためのハード面・ソフト面の対策を個別・並列的に詳細にわたって義務付ける形となっているが、過去の大火災の発生ごとに新たな点検制度等を積み重ねてきた結果、規制体系の複雑化も進んでいる」（前回の報告書）ことは事実である。

しかしながら、「全国の消防機関等からも、前述のような課題を含め、複雑とはいえ一定の成果を挙げて定着している現行体制を抜本的に改正することの混乱や、新体系への移行に伴い規制強化や緩和が発生する場合は、関係者の理解を得ることは困難との懸念が示された」（新たな報告書）のである。

国民への規制は、必要最小限度でなければならず、現行の消防法令の規制も、長い年月を積み重ねてできあがったものであるため、その大幅な改革を目指そうとすればする程、慎重に手

消防法の一部を改正する法律の概要

消防庁

[背景]

○　東日本大震災の教訓を踏まえ、大規模・高層ビルを中心にビル全体の防災管理を強化する必要性が高まるとともに、近年、建築物全体の防火管理体制があいまいな雑居ビル等を中心として多数の死者を伴う火災被害が頻発

○　検定を未受検、不正受検の消防用機器等が市場に流通する事案が発生

○　公益法人事業仕分け（平成22年5月）において、「検定」について自主検査・民間参入拡大に向けた「見直し」等の評価結果

↓

[改正概要]

①　雑居ビル等における防火・防災管理体制の強化

○　複合ビルについて、建築物全体の防火管理業務を行う「統括防火管理者」の選任を義務づけ、統括防火管理者に対して各防火管理者への指示権を付与

○　大規模・高層の建物については、建築物全体の防災管理業務を行う「統括防災管理者」の選任を義務づけ

②　消防機関による火災調査権の拡大

○　火災原因と疑われる製品の製造事業者等に対する資料提出命令権等を消防機関に付与

③　消防用機器等の違法な流通を防止するための措置の拡充

○　検定を未受検・不正受検の消防用機器等が市場に流通した場合における総務大臣による回収等の命令権を創設（最高1億円以下の罰金刑）

○　未受検の消防用機器等を市場に流通させた者に対する罰則の引き上げ（30万円以下の罰金→1年以下の懲役又は100万円以下の罰金（併科あり））

④　消防用機器等の「検定」制度等の見直し

○　登録検定機関の要件のうち試験設備の「保有」要件を緩和し、民間参入を促進

○　「個別検定」を「型式適合検定」に改め、その趣旨及び自主的検査方式の導入を含む手続を明確化

○　日本消防検定協会の業務のうち「検定」と紛らわしい「鑑定」に代えて、「製造業者等の依頼に基づく評価業務を行うこと」を業務として規定

○　自主表示対象機械器具等の製造業者等に対して、検査記録の作成・保存を義務づけ

[施行期日] 平成25年4月1日（上記①：平成26年4月1日）

続を踏まねばならない。こうした経緯を経て、平成23年12月の再度の提言に基づいて策定された改正消防法は、平成24年6月27日公布された。

その国会審議のさなかに、福山市ホテルプリンス火災が生じ、この章の1で述べたように、その後、火災予防行政の焦点は、新たな適マーク制度の創設へと移っていったのである。

3　危険物行政の動向

▼東日本大震災と危険物行政

私が消防庁長官当時の危険物施設の最大の事故は、平成23年3月11日㈮に発生した東日本大震災による同時多発のそれであった。地震の揺れやその後に襲った津波により被害を受けた危険物施設数は、3,341施設となり、被災地域における施設総数の約1・6%にのぼった。

地震の揺れが主たる原因の火災5、流出79、破損1,235、津波が主たる原因の火災36、流出106、破損1,347などとなった。都道府県別では、宮城県1,396、茨城県547、岩手県521、福島県491などとなっている。また、久慈地区、仙台地区、鹿島地区、京葉臨海中部地区などの石油コンビナート等特別防災区域で大きな被害が生じた。

こうした状況を踏まえ、消防庁に「東日本大震災を踏まえた危険物施設等の地震・津波対策のあり方に係る検討会」を設置し、被害状況の分析と地震・津波対策の検討を行った。この検討会報告書に沿って、翌24年1月31日に危険物保安室長通知を発出し、地震対策と津波対策とに分けて注意を喚起した。

地震対策では、施設の所有者等は、施設ごとに、配管や建築物等の耐震性能、技術基準の適合状況及び当該施設周辺の液状化の可能性等を再確認し、その結果に応じて必要な措置を講じることとした。

また、津波対策では、所有者等は、津波警報発令時や津波が発生する恐れのある状況等における緊急時の対応に関する検証を、施設ごとに実施し、その結果に応じて、避難時の対応や緊急停止措置等の対応に関する必要な事項を予防規程等に規定することとした。特に、屋外貯蔵タンクについては、津波被害シミュレーションを実施することにより具体的な被害予測を行うこととし、容量千kℓ以上1万kℓ未満のものについては、配管への緊急遮断弁の設置に係る技術基準を設ける旨予告した。

しかし、検討会の被害分析で、津波浸水深（津波表面からタンク基礎上面までの深さ）が概

東日本大震災における危険物施設の施設形態別の被害状況（「平成23年版消防白書」より）

施設形態	調査地域の施設数※（件）	被災施設数（件）	被災施設の主たる原因														
			地震					津波					判別不明				
			計	火災	流出	破損	その他	計	火災	流出	破損	その他	計	火災	流出	破損	その他
製造所	2,058	80	68	0	0	60	8	4	0	0	3	1	8	0	0	8	0
屋内貯蔵所	20,761	217	80	0	18	48	14	136	0	1	127	8	1	0	0	1	0
屋外タンク貯蔵所	26,572	841	378	0	27	328	23	398	1	92	219	86	65	0	5	48	12
屋内タンク貯蔵所	5,161	21	2	0	0	2	0	19	0	2	17	0	0	0	0	0	0
地下タンク貯蔵所	52,015	318	139	0	14	98	27	167	0	2	124	41	12	0	0	6	6
簡易タンク貯蔵所	378	4	0	0	0	0	0	4	0	0	2	2	0	0	0	0	0
移動タンク貯蔵所	36,037	366	0	0	0	0	0	358	28	0	230	100	8	1	0	5	2
屋外貯蔵所	4,704	60	3	0	0	3	0	57	0	2	52	3	0	0	0	0	0
給油取扱所	29,187	823	506	0	4	493	9	307	0	1	281	25	10	0	1	9	0
販売取扱所	860	6	2	0	0	2	0	4	0	0	3	1	0	0	0	0	0
移送取扱所	587	44	19	0	3	15	1	23	0	2	14	7	2	0	0	2	0
一般取扱所	33,557	561	212	5	13	186	8	344	7	4	275	58	5	0	2	3	0
合計	211,877	3,341	1,409	5	79	1,235	90	1,821	36	106	1,347	332	111	1	8	82	20

※調査地域内の危険物施設数、平成22年３月31日時点の数値である。

ね3m以上になると配管に被害が発生し、5m~7mを超えるとタンク本体の被害が顕著になるとの結果を得たのだが、どの地域でどの程度の津波が生じるかが正確に予測できない以上、技術基準に組み込むことは法制的に困難であるため、具体の規定を置くことは断念した。

その代わり、予防規程に定める事項に「津波の発生」を追加する旨の省令改正を行い(平成24年5月23日公布、同年12月1日施行)、予防規程の中に、各施設ごとに具体的な被害予測を行った上で、適切な津波対策を定めてもらうことにした。

危険物規制の緩和の動き

消防法は、昭和34年の改正で、全国統一的に、火災発生の危険性が大きい一定の物品を「危険物」として指定し、一定数量以上の貯蔵・取扱い及び運搬において、施設の位置・構造・設備等の技術基準を定めて、保安上の規制を行っており、危険物行政は、典型的な規制行政の一つである。従って、その規制は、国民の安全を確保する上からは必要十分でなければならず、また、施設の所有者等に対しては必要最小限でなければならない。

私が長官だった当時は、民主党政権が行政刷新会議を設置し、事業仕分けや規制仕分けと称する規制緩和の方向での検討が進められており、消防に関しては、屋外タンク貯蔵所の保安検査の周期の延長とリチウムイオン電池の貯蔵・取扱いの規制緩和が大きな議論を呼んだ。

まず、前者については、平成21年11月27日の行政刷新会議において、屋外タンク貯蔵所の検査の間隔について規制緩和の可能性を探ることが求められた。消防庁は「屋外タンク貯蔵所の保安検査の周期に係る調査検討会」を設置して検討を進めた結果、特定屋外タンク貯蔵所の保安検査の周期（基本周期8年）について、連続板厚測定を行ったものについては8年以上15年以内の期間まで延長を可能とするなどの政令改正を行った（平成23年2月23日公布、同年4月1日施行）。

また、後者については、平成23年3月6日、東日本大震災直前に行われた行政刷新会議で、リチウムイオン蓄電池の火災危険性を再検証することが求められた。消防庁は「リチウムイオン電池に係る危険物施設の安全対策のあり方に関する検討会」を設置して検討を進めた結果、第4類第2石油類（軽油・灯油等が該当）の危険物を電解液として収納するリチウムイオン蓄電池設備を設置する一般取扱所を、建築物の屋上や地階等に設置することを可能とするなどの政令改正を行った（平成24年5月23日公布・施行）。

危険物規制の強化の動き

規制強化の例として記憶に残るのは、私の長官就任の1か月前の平成22年6月28日に改正省令・改正告示が公布され、翌23年2月1日から施行、2年の猶予期間を経て平成25年2月1日から適用された既設の地下貯蔵タンクに対する流出防止対策である。これは、地下タンクにおける腐食劣化による流出事故が相次いだため、地下タンクの設置年数や塗覆装の種類等から腐食の恐れが高いものを対象に、内面にコーティング等の措置を講じるものである。

過疎地のガソリンスタンドの閉鎖は、この改正のせいであると陰口をたたかれたが、関係業界などの反対があろうと、国民の安全にとって必要な規制の維持・強化は、毅然として行わねばならないし、一方で、技術の進歩等によって従来の規制が緩和できるのであれば、その方向で検討することを怠ってはならない。

第7章　消防の新たな使命

1　有事関連法と消防の役割

集団的自衛権の行使容認

尖閣諸島や北朝鮮ミサイル発射など厳しさを増す安全保障環境を踏まえ、平成26年7月1日、安倍内閣は、新たな憲法解釈により、限定的な集団的自衛権の行使を容認する閣議決定を行った。政府は、集団的自衛権の行使を前提にした「日米防衛協力のための指針」（ガイドライン）の改定を踏まえ、自衛隊法、武力攻撃事態法、国民保護法、周辺事態法等の有事関連法の改正法案を近く国会に提出する方向で検討を進めている。

米ソ冷戦終結後に起きた北朝鮮の核拡散防止条約脱退宣言や中国による大規模な台湾海峡ミサイル演習を背景に、日米両国は、日米安保条約を単なる日本領土の防衛のための条約からアジア・太平洋の平和のための条約へと再定義する「新ガイドライン」を策定し、これに対応する法律として平成11年5月28日に周辺事態法が公布された。

その後、平成13年9月11日に米国で起きた同時多発テロ事件と、米軍等のアフガン攻撃という空前の出来事を背景に、翌14年4月に小泉内閣によって提出され、イラク戦争を挟んで平成

15年6月6日に公布されたのが、武力攻撃事態法などの有事関連三法であり、その翌16年6月18日に公布されたのが、国民保護法などの有事関連七法である。

今後の改正作業によって、消防の役割に変更が生じるかは明らかではないが、ここでは、現行の有事関連法と消防の役割について述べることにする。

周辺事態法

周辺事態法は、例えば、朝鮮半島での周辺事態（放置すれば我が国に対する直接の武力攻撃に至る恐れがある等周辺地域における我が国の平和と安全に重要な影響を与える事態）に際して活動する米軍への便宜供与等の後方地域支援等を可能にする法律であるから、廃止も含めて最も大きな改正が予想される。この法律では、後方地域支援等の実施の必要があると認めるときは、政府は、対応措置に関する基本計画を閣議決定し、国会の承認を得なければならない。

対応措置の実施について、地方公共団体に協力依頼する場合は、その内容等を基本計画に定めることになっており、例えば、地方公共団体の管理する港湾・空港の使用やその管理する施設への避難民の受入れ等が考えられる。

消防に関しては、①負傷して我が国に上陸した米兵等の救急搬送や、②後述の自衛隊と異なり、米軍は基地外では消防法に従わねばならないため、基地外での米軍戦闘機への燃料給油の際の仮貯蔵・仮取扱の承認手続の迅速化等がでてこよう。これらは後述の国民保護法の場合と異なり、通常の消防関連法に基づいてなされる自治事務であり、①については、消防組織法による緊急消防援助隊の出動もあり得よう。

武力攻撃事態法と国民保護法

武力攻撃事態法は、武力攻撃事態（我が国への外部からの武力攻撃が発生するか、その明白な危険が切迫している事態）又は武力攻撃予測事態（事態が緊迫し、武力攻撃が予測される事態）への対処のための態勢を整備する法律である。かかる事態が発生した際には、政府は、事態認定と全般的な方針や対処措置に関する重要事項（国民保護に関する措置、自衛隊の行動、米軍の行動に関する措置等）を定めた対処基本方針を閣議決定し、国会の承認を求めなければならない。

同法とともに制定された改正自衛隊法では、消防法の適用除外が拡大した。昭和33年改正で、自衛隊が防衛出動を行う際等には、危険物規制の条文は適用されないこととされていたが、さらに、防衛出動時等で応急措置として構築した野戦病院等には、消防用設備の設置義務がなくなった。

国民の保護に関する措置の仕組み（「平成26年版消防白書」より）

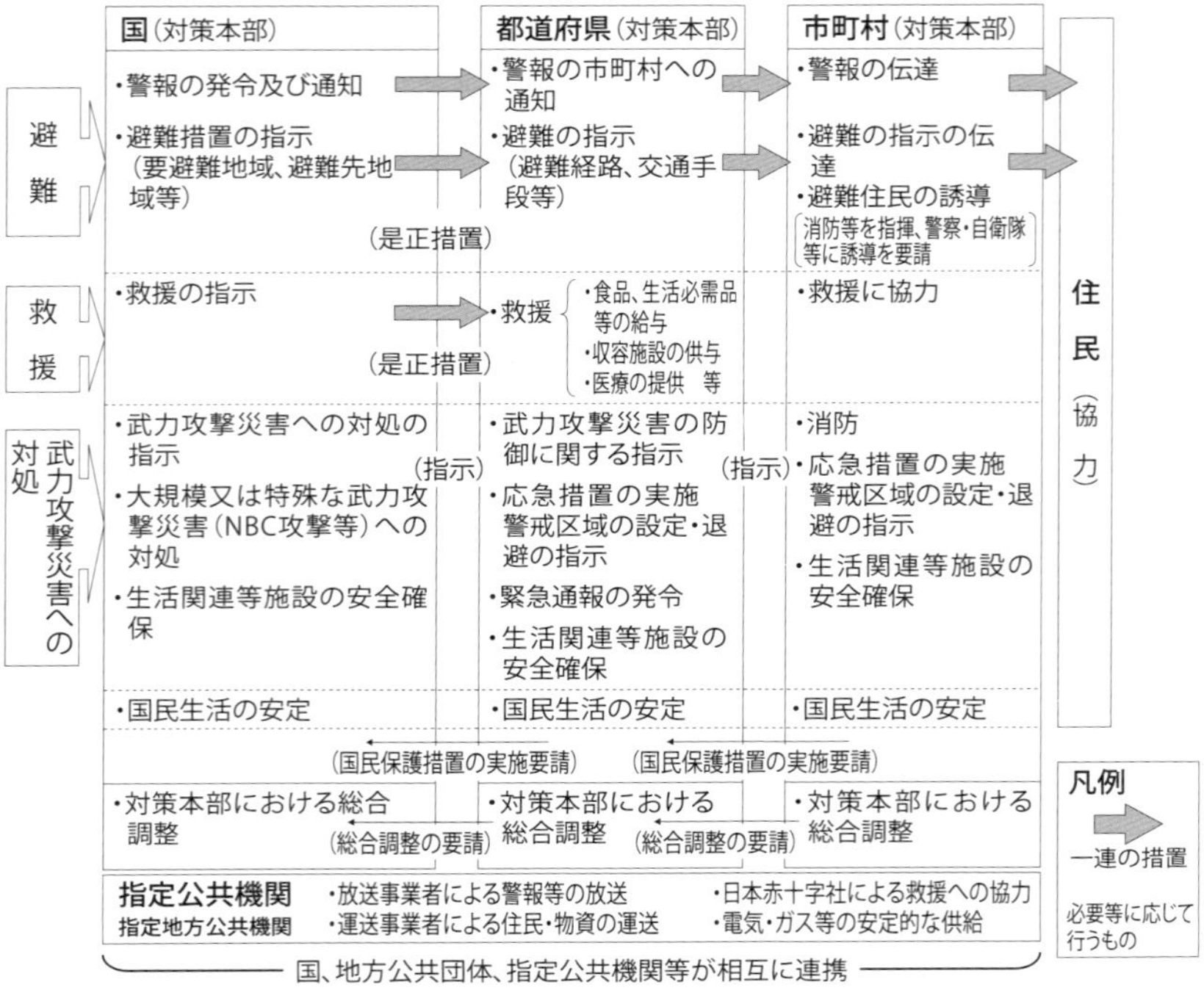

また、武力攻撃事態法の定めにより、翌年に制定されることになった法律の一つが国民保護法であり、住民の避難、救援、武力攻撃災害への対処に関して、国、都道府県、市町村の役割が定められた。

避難については、国が警報の発令と要避難地域等の指示を行い、都道府県が警報の市町村への通知と避難経路等の指示を行い、市町村が住民への警報や避難指示の伝達、誘導等を行う。救援については、国が指示を出し、都道府県が食品・生活必需品や医療・収容施設を提供し、市町村が協力することになった。

武力攻撃災害への対処については、消防庁長官に、都道府県知事や市町村長への消防に関する広範な指示権が与えられた。この指示に基づく消防機関の活動は、消防関連法に基づく自治事務ではなく、法定受託事務とされており、国に強い関与が認められている。

この指示によって被災地に応援に入る部隊は、消防組織法上の緊急消防援助隊とは異なるが、実際は、緊急消防援助隊に係る諸規定がそのまま援用された形で運用されるものと思われる。また、第４章３で述べたように、緊急消防援助隊の活動以上に、この指示に基づく消防機関の活動は国家的な要請に基づくものであるため、活動期間中は国家公務員に併任されるといった検討も必要ではないだろうか。

さらに、国民保護法とともに特定公共施設利用法が制定され、港湾管理者などの施設管理者への指示や許可の変更といった手法がとられているが、これらの施設が一時的に国の管理に移行され、その施設の所属職員の身分も国家公務員に併任されるといった検討も必要かもしれない。

憲法が保障する基本的人権や地方自治の本旨の制約は、必要最小限度でなければならないことは当然だが、国家・国民の存亡に関する究極の防御措置が有事関連法である以上、あらゆる角度からの検討が求められるのではないか。

2　国際緊急援助隊

▼ニュージーランド（NZ）南島での地震

東日本大震災が起きる約半月前の平成23年2月22日㈫、NZ南島のクライストチャーチ近郊でマグニチュード6・3の直下型地震が発生した。震源の深さが約5㎞と浅かったため、富山県からの留学生など邦人28人を含む185人の死者、約2、000人の負傷者等の甚大な被害が生じた。

我が国は、ＮＺ政府の要請を受け、直ちに国際緊急援助隊（ＪＤＲ）救助チームの派遣を決定し、翌23日から３月12日にかけて三次にわたって救助活動を行った。消防も、一次隊66人中17人、二次隊32人中８人、三次隊32人中８人が国際消防救助隊（ＩＲＴ―ＪＦ）として参加した。今回のＪＤＲ救助チームには、消防の他、外務省、警察、海上保安庁、国際協力機構（ＪＩＣＡ）などが参加した。

今回初めて我が国は、被災国政府からの正式派遣要請がなされる前から、現地の状況を把握する目的で緊急調査チームを派遣したが、私は、プロとして消防がこの先遣隊に加わる必要があると考え、その方向で調整した。結局、緊急調査チームは、外務省、消防、ＪＩＣＡからなる計３人となり、後にＪＤＲ救助チーム一次隊に合流した。

今回のＪＤＲは、多数の邦人が被災する中での未曾有の活動であったため、我が国内でも大

平成23年２月ニュージーランド南島における
大地震災害における捜索救助活動
（写真提供：総務省消防庁）

きく取り上げられた。結果的には、生存者の発見救出には至らなかったが、政府専用機による一次隊の早期投入や高い技術・強い使命感を持った捜索活動には、現地の政府機関や邦人被災者家族から一定の評価が得られたのではないかと思う。

国際消防救助隊と国際緊急援助隊

海外での地震等の大災害に対して、我が国が国際協力の一環として救助チームを派遣する契機となったのは、昭和60年9月のメキシコ大地震や同年11月のコロンビアの火山噴火であった。同年12月27日の閣議の席上、外務大臣から国際緊急援助体制の整備、自治大臣からその一環としての国際消防救助隊派遣体制の整備について報告がなされた。

消防庁は、これを受け、国際消防救助隊（ＩＲＴ－ＪＦ）の参加消防本部を募るとともに翌61年4月11日に初の合同訓練を行った。消防庁は、当初、救助隊を海外へ派遣する場合は消防から行うことが最適と考え、派遣の法的根拠や隊員の災害補償等を明確にするため、消防法と消防組織法の改正を準備したが、警察や海上保安庁の救助隊の派遣もあり得るため、外務省が中心となって提出した「国際緊急援助隊の派遣に関する法律」が昭和62年9月に成立した。

ただ、この法律が施行されるまでの間に起きた同61年8月のカメルーン共和国ニオス湖有毒ガス噴出災害と同年10月のエル・サルバドル共和国地震に対して、初めてＩＲＴ－ＪＦを相次いで派遣したが、これらはＪＩＣＡによる短期専門家派遣の形をとった。

同法が施行されてからは、ＩＲＴ－ＪＦは国際緊急援助隊（ＪＤＲ）の一部として派遣されることになり、平成２年６月のイラン地震からこのＮＺ南島地震まで、その出動は16回に及んでいる。平成７年の阪神・淡路大震災の反省から創設された緊急消防援助隊や平成16年に制定された国民保護法における法定受託事務としての消防の活動と並んで、ＩＲＴ－ＪＦは、我が国の消防の新たな使命であり、世界に貢献する日本を象徴する活動と言えよう。

ＩＲＴ－ＪＦの出動体制については、「国際消防救助隊出動体制の基本を定める要綱」に定められており、協力市町村に関する基準に該当する一定の市町村からの申請に基づいて、消防機関及びそれに属する一定の救助隊員を登録することとされている。平成26年４月現在で77消防本部５９９救助隊員が登録されている。

消防庁では、自分たちの方が最初だったということもあり、国際緊急援助隊というよりも国際消防救助隊という用語を使うことが通例である。しかし、消防が独立して活動するわけではなく、被災地ではあくまでも国際緊急援助隊の救助チームの一員として活動するのだから、対外的には、国際緊急援助隊として派遣されていると説明しなければ誤解を招くことになる。

なお、ＪＤＲは、現在、救助チーム、医療チーム、専門家チーム、自衛隊部隊の４つのチームから構成されており、法施行以後、それぞれ18回、54回、42回、14回の計１２８回の派遣がなされている。

皇室と国際緊急援助隊

ＪＤＲの隊員として海外の援助活動に参加した者には、毎年秋に皇居において、天皇皇后両陛下が御接見され、外務省国際協力局長の挨拶のあと、天皇陛下のお言葉を賜ることになっている。関係省庁の代表も参加して各チームを御紹介することになっており、私は、在任中２度出席した。

最初は平成22年11月の御接見であり、このときは、前年10月のインドネシア西スマトラ州パダン沖地震の救助チームに関してであったが、懇談の席上、天皇陛下から私に「自分は消防の初の訓練に参加しました」とのお言葉があり、大変驚いた。調べてみると、前述の昭和61年４月の合同訓練は、当時、皇太子殿下であられた天皇陛下御臨席の下に行われており、陛下の御記憶に、消防への強い思いを感じて感銘を受けた。

また、翌23年10月の御接見は、このＮＺ南島地震の救助チームに関してであったが、その先遺隊を務めた東京消防庁の五十嵐幸裕隊員を、東日本大震災では、緊急消防援助隊として気仙沼に出動するとともに福島第一原発の放水作業にも携わった旨天皇陛下に御紹介したところ、陛下は、東日本大震災のことを詳細に御質問されていた。

この御接見では、同年8月のロシアのハバロフスク地方石油精製工場火災事故の専門家チームの一員であった杏林大学の山口芳裕医師も参加されていたので、皇后陛下に、山口医師は福島原発事故の際に東京消防庁に同行して現地に赴いた旨御紹介すると、そのときの状況を熱心に御質問しておられた。第1章11でも述べたが、両陛下の消防の活動に関する深い御理解に、改めて感じ入ったしだいである。

3　多様な災害への新たな対応

消防の使命

消火や防火のほか、傷病者の救急搬送や事故・災害の際の救助活動は、消防の典型的な業務であり、救急は昭和38年、救助は昭和61年の改正消防法で、それぞれ法定された。ただ、消防組織法第1条は「消防は…水火災又は地震等の災害を防除し、及びこれらの災害による被害を軽減する…」ことを任務とするとしており、災害全般にわたって広範に対応することが消防の使命であることを明言している。

実は、私が平成22年7月に消防庁長官に就任し、翌年3月に東日本大震災が起きるまでの間に、各地でゲリラ的な集中豪雨、記録的な豪雪、霧島新燃岳の噴火、鳥インフルエンザの大流行と大規模で多様な災害が相次いで発生し、改めてこの消防組織法第1条の消防の役割とは何かを考えさせられた。

従来、水害や豪雪などでは地元密着の消防団の活動が大きく取り上げられてきたが、消防組織法第1条に該当する災害である以上、常備消防の射程でもあるはずである。また、独居老人の家の雪おろしや鳥インフルエンザの埋設処分などはどうなっているのか、常備消防と消防団の役割分担はできているのか…といった疑問である。

第4章1でも述べたように、当時の消防審議会は平成23年3月で任期が満了するので、次の第26次の審議会では、こうした多様化する災害への消防機関の対応について議論していただこうと思ったが、東日本大震災が発生したため、審議会への諮問は翌24年3月16日にずれ込んだ。

そして、私の退官後の平成25年6月11日に、最終答申の一環としてこの点についての言及がなされた。

昭和61年に創設された国際消防救助隊や平成７年の阪神・淡路大震災の教訓として生まれた緊急消防援助隊、さらには平成16年の国民保護法による法定受託事務としての消防の活動は、従来の消防の概念を超える新たな使命であるが、一方で、日常化しつつある多様な災害に対する消防機関の具体の役割を改めて検証することも重要である。

多様な災害に関する消防審議会答申

第26次消防審議会答申は「豪雪時の除排雪や火山災害時の降灰除去などについて、①消防の任務として対応する場合、②必ずしも消防の任務ではないが、市町村の公務として対応する場合、③個人でボランティアとして対応する場合など、各市町村において様々な対応が行われている…、全国画一的に線を引くことはできないと考えられる」として、市町村や消防機関ごとで区々の取扱いがなされている現状を是認しつつも、「…危険を伴う場合があり、業務にあたる消防職団員の安全確保や、公務災害を受けた際の補償の観点から、消防の業務、あるいは市町村の公務として行う活動として位置付けることが望ましく、その範囲・内容について各市町村で事前に検討を行い、検討結果に基づいて明確に文書化（地域防災計画への位置付けなど）し、資機材整備及び教育・訓練等を進めることが必要である」と今後の方向性を示している点で一歩前進である。

しかしながら、除排雪や火山灰の除去、あるいは鳥インフルエンザの防疫等は、消防組織法第1条の災害対応そのものであり、市町村ではなく、消防機関の本来の任務ではないのか。市町村任せにせず、消防庁として、より積極的かつ明確な方針を示し、適切な資機材の整備や教育・訓練のあり方を検討すべきと考える。

もっとも、第1章8で述べたように、原発事故の際の使用済み核燃料プールへの放水が、消防組織法第1条の特別法と考えられる原子力災害対策特別措置法によって、本来は、国と事業者の責任であるのと同様、鳥インフルエンザの防疫は、家畜伝染病予防法の問題であり、都道府県の責任と考えるべきかもしれない。

ただ、この場合も、関係知事は、これまで自衛隊の出動を要請してきている。本来、国防のための部隊である自衛隊が「災害派遣」として出動するのに、災害のための部隊である消防が出動せず、その職団員がボランティアとして対応するなどということは断じてあってはならないと思う。

また、うがった見方をすれば、こうした多様な災害への各市町村の対応の差異にも、消防本部の広域化の影響がでているのかもしれない。つまり、第2章3で、ある市長の話を紹介したが、市町村長と広域消防との関係が希薄になってしまい、市町村長は、ついつい自分の管理する消防団にのみ頼るといった現象がおきていないか。

あるいは、広域消防の側からすれば、消防庁からこれらの災害対応に関して明確な方針が示されてないので動きようがないといったことや、消防団の側からは、何故プロの常備消防でなく自分たちがやらねばならないのかといったことがおきていないか。消防庁は、都道府県や市町村任せにせず、消防本部の広域化の実情も含め、多様な災害への対応の実態を把握・検証し、指導力を発揮しなければならない。

鳥インフルエンザと豪雪に関する思い出

昭和24年に法隆寺金堂が焼損した日である1月26日は、文化財防火デーとされており、平成23年のその日には、近藤誠一文化庁長官とともに山口県下関市功山寺で行われた防火訓練に参加した。

その前日には、中尾友昭市長や金子庄治消防局長らと夕食をともにした。その際、鳥インフルエンザが話題になり、私が「鳥インフルエンザの防疫や埋設処分は消防がやってもいい」と述べたところ、市長は「それはいいことを聞いた」と言われたが、消防局長は「それは困る。自分たちには資機材もないし、訓練もしていない」と言われた。市長は、自分の管理する部隊が市民のために使えるのならと歓迎されたのだが、確かに、消防局長は、想定外のことで当惑されたことと思う。お二人の反応は、ともによく理解できるものであり、まさしくここに、消防庁が、明確な方針を示さねばならない理由が見えてくる。

また、毎年降雪の時期の12月になると、中央防災会議会長としての総理から、関係道府県防災会議会長である関係知事に対して「降積雪期における防災態勢の強化等について」という通知が発出され、関係機関に必要な対応を求めることになっている。

その中で、除雪支援や避難誘導の連携強化の対象や、避難勧告等の伝達についての活用先の一つに「消防団」と明記され、常備消防には触れられていなかった。私は、平成24年の通知案を見て、そのことに初めて気がつき、事務方を通じて改めるよう申し入れた。平成24年12月13日付けの平成24年度通知からは、常備消防も含まれる「消防機関」という文言に改訂された。

豪雪は、毎年激化する傾向にあり、豪雪地帯は、高齢化が進行し、高齢者の独居比率が高まっている。こうした地域の個人住宅の雪おろしは、今や公共の関与が不可避であろうが、消防団も同様に高齢化しているだろう。

その頃、たまたま長官室を訪れていた山形県の豪雪地帯のある消防団の皆さんに、この話をしたら、「自分たちもがんばるが、消防署の隊員のほうが若いし体力もある」と言って喜んでもらえた。通知の文言は、常備消防が今ほど整備されていなかった頃から続いてきたものかもしれないが、それを長い間放置してきたのは、消防庁の責任である。

東日本大震災での新たな具体の活動

東日本大震災で消防が直面した二つの事態が、私には強烈に印象に残ったため、それを始めとする「東日本大震災における津波災害に対する消防活動のあり方研究会」を平成24年5月に立ち上げ、同研究会は、私の退官後の翌25年1月に、広範にわたって有益な報告書を取りまとめられた。

私が注目した一つは、東日本大震災発災の3月11日深夜、仙台市宮城野区中野小学校屋上に避難した537人を救出する過程で、仙台市消防ヘリと自衛隊ヘリによって燃え上がるガレキからの延燃防止のために、空中消火が行われたことである。ヘリによる空中消火は、林野火災を除いては前例を探すのが難しく、特に阪神・淡路大震災で行われなかったことから、その効果などを巡って賛否両論のあるものであった。当時の高橋文雄消防局長は「多くの人命が危殆に瀕しており、とにかくやってみるしかなかった」と語っておられた。

もう一つは、宮城県石巻市で、津波に流された家屋から80歳の女性とその孫が9日振りに救出されたことである。救助活動では「72時間の目安」が言われるが、それは被災者が建築物の下敷きなどになった場合のことであり、津波災害の場合は、流出したものの損壊の程度が激しくない家屋もあり得るのである。これらを含めて、報告書は、東日本大震災における消防の活動を詳細に検証されている。

第8章　最近の大災害とそれへの対応

1　8・20　広島土砂災害

広島土砂災害の概要

平成26年8月20日㈬未明、局地的な集中豪雨によって、広島市安佐南区及び安佐北区の住宅地を土砂災害が襲い、死者74人に及ぶ甚大な被害が生じた。

中国山地西部を通過する前線に、南からの暖かく湿った空気が流入し、積乱雲が連続的に発達する「バックビルディング現象」が生じ、同日午前4時半までの3時間雨量が200㎜を超え、一気に例年8月の1・5倍の降水量をもたらした。これによって、市内107箇所で土石流、59箇所でがけ崩れが、同時多発的に生じたものである。

広島県には、花崗岩が風化して堆積し、軟らかくて崩れやすい「まさ土《ど》」と呼ばれる地質が広く分布しており、私

広島土砂災害

が広島県の財政課長だった昭和63年7月に、死者14人をだした加計町の土石流災害が起き、また、同県の副知事だった平成11年6月に、広島市と呉市で死者・行方不明者32人に及んだ平成11年豪雨災害が起きたが、これらと同様、私は、第一報を聞いたとき、またもや、まさ土が表層崩壊したものと思った。

しかし、災害後の調査によれば、まさ土の地盤だけでなく、比較的固い地盤の堆積岩の流出も確認されており、広島以外の全国どこでも、降水量が限界を超えれば、今回と同様の災害が起きる可能性があることが明らかになった。

今回の土砂災害では、後述するように、広島市の住民への避難勧告の遅れが大きな問題とされたが、広島市の消防局及び消防団は、発災直後から救助・捜索活動を行い、同日午前には県内各消防本部からの県内応援隊も参加した。また、その後、県内8消防団からも、応援隊が派遣された。救助活動中には、広島市の消防職員1人が殉職するという痛ましい事態も生じた。緊急消防援助隊は、消防庁の要請によって、当初は、岡山県、鳥取県、高知県、大阪府の部隊が出動し、その後、島根県、山口県、愛媛県の部隊も出動することになった。

砂防ダムと土砂災害防止法

国土交通省の基準に基づく土砂災害危険箇所は、全国に約52万5、000箇所あるが、広島県は、元来、平地が少なく山林を伐開して宅地開発を行っているため、全国一の約3万2、000箇所を数える。

今回の土砂災害で、安佐北区では、流木等を7基の砂防ダムが堰き止めて土石流の発生を抑えたと言われており、広島県は、今回の土砂災害を機に砂防ダムの建設促進を国に強く要望している。ただ、その建設には1基数億円かかるとされ、整備には長い年月を要するし、また、砂防ダムを土石流が乗り越えていった事例もあり、砂防ダムがあれば万全とは言えない。

また、前述の平成11年豪雨災害を受けて、翌12年5月に、土砂災害防止法が制定された。同法では、都道府県が土砂災害の恐れがある区域を土砂災害警戒区域として指定し、市町村がハザードマップを作成・公表して情報伝達や警戒避難体制を整備することとされている。特に住民に著しい危険が生じる恐れがある区域は、都道府県が土砂災害特別警戒区域として指定し、宅地分譲を許可制にしたり、移転勧告が行えることになった。

しかし、限られた人員でのこれらの指定作業にはかなりの期間を要するし、地権者からは土地の評価が下がるのではとの懸念も示され、思うように指定作業は進んでいない。土砂災害危険箇所のうち警戒区域に指定された箇所は、全国で67％となっているが、危険箇所が全国一の広島県では37％にとどまっており、今回の被災区域のほとんどは、未指定のままであった。

今回の土砂災害を踏まえて、平成26年11月12日に土砂災害防止法が改正され、指定の前提となる都道府県の基礎調査の結果の公表が義務付けられるとともに、指定がなされたときは、市町村の地域防災計画において、区域ごとに

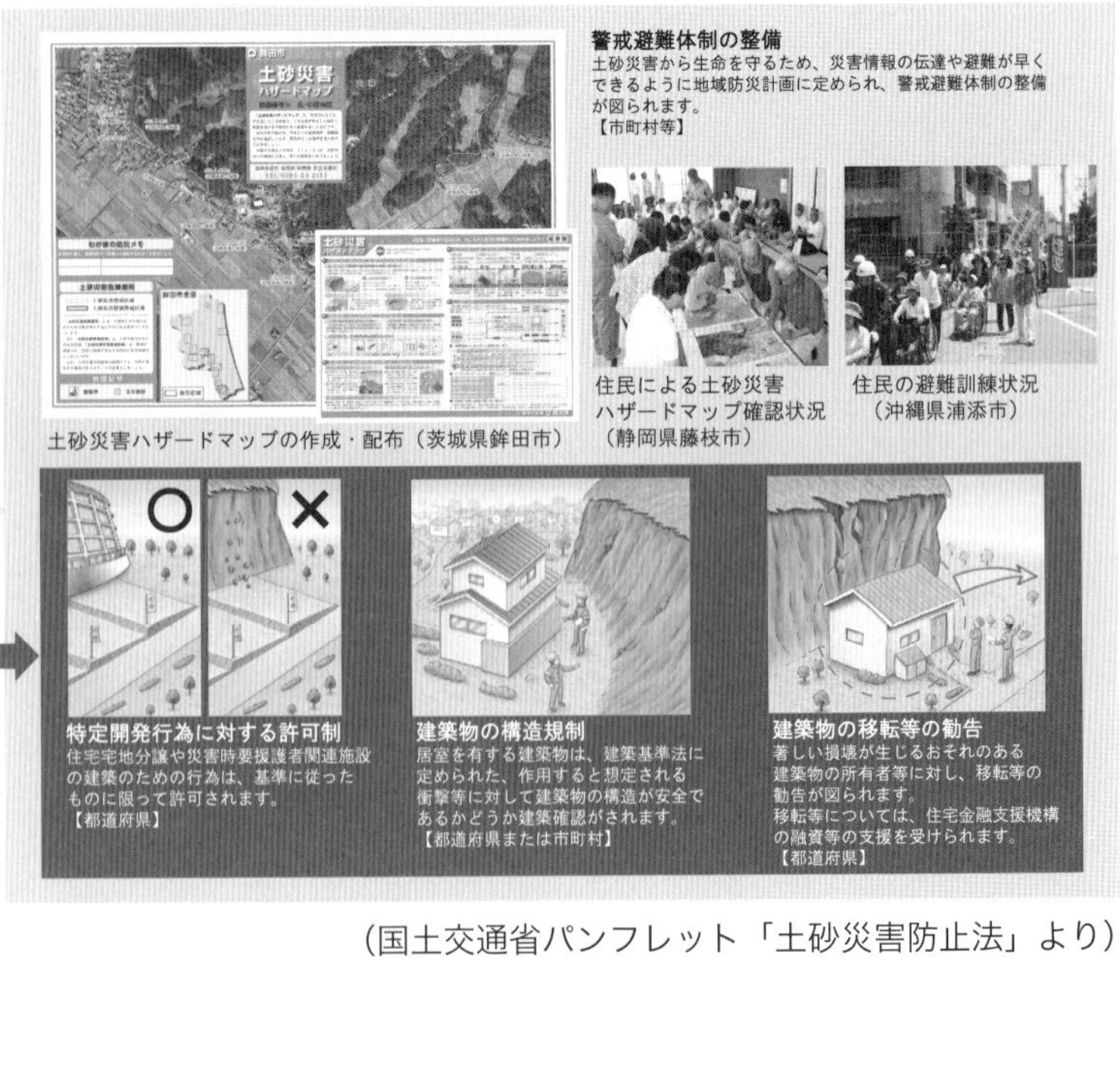

（国土交通省パンフレット「土砂災害防止法」より）

避難場所及び避難経路に関する事項を定めることとされた。

住民への警戒避難体制

今回の土砂災害では、8月20日午前3時20分頃から、土砂災害発生の119番通報が相次いだにもかかわらず、広島市からの避難勧告は、安佐北区には同4時15分、安佐南区には同4時30分になされたため、その発令の遅れが問題とされた。

広島市の地域防災計画の一環をなす水防計画によれば、

「土砂災害防止法」の概要①　～土砂災害警戒区域等の指定によるソフト対策～

土砂災害防止対策基本指針の作成［国土交通省］

・土砂災害防止対策の基本的事項
・基礎調査の実施指針
・土砂災害警戒区域等の指定指針　等

↓

基礎調査の実施［都道府県］

・区域指定及び土砂災害防止対策に必要な調査を実施

基礎調査の実施
地形、地質、土地利用状況等

↓

土砂災害警戒区域の指定［都道府県］
（土砂災害のおそれがある区域）

●情報伝達、警戒避難体制等の整備［市町村等］

土砂災害特別警戒区域の指定［都道府県］
（建築物に損壊が生じ、住民等の生命又は身体に著しい危害が生じるおそれがある区域）

●特定開発行為に対する許可制
　対象：住宅宅地分譲、災害時要援護者関連施設のための開発行為
●建築物の構造規制
●建築物の移転等の勧告

避難勧告の発令には、「① 気象台から大雨特別警報が発表された場合 ② 避難基準雨量を超えた場合 ③ 広島地方気象台と広島県土木局砂防課から土砂災害警戒情報が発表された場合」など五つの基準が示されている。

①の大雨特別警報は発表されなかったが、③の土砂災害警戒情報は1時15分に発表されており、1時49分には同気象台は「多い所で1時間70㎜」との雨量予測を発表していた。

広島市当局も避難勧告の遅れを認めているが、深夜、豪雨の中、いつどこで土石流が起きるかわからない状況での避難には大きな危険が伴う。東日本大震災で、避難所が津波に襲われ、多くの犠牲者が出たことを教訓に、市町村に災害の種別ごとに避難場所を指定することを義務付ける改正災害対策基本法が平成26年4月から施行されたが、指定済み市町村は、未だ31％にとどまっている。

前述のように、平成26年11月の改正土砂災害防止法では、警戒区域の指定がなされた区域では避難場所及び避難経路を定めることが義務付けられたが、その指定のいかんにかかわらず、避難勧告や避難指示を出したとして、多くの住民を安全に、かつ、適切な避難場所にどうやって誘導するのかが行政にとっての真の課題なのである。

また、住民にとっては、自主防災組織を結成するなどによって、常日頃から行政との話し合いの場を設け、諸情報を集め、どうやって自らの命を守るかを各々が考えて、準備するという防災の基本を服膺することが最も重要なのである。

2　9・27　御嶽山噴火

御嶽山噴火の概要

平成26年9月27日㈯午前11時52分頃、長野県と岐阜県の県境に位置する御嶽山（標高3，067m）が噴火し、火口近辺にいた登山者を噴石や火砕流、火山ガスが襲いかかり、死者57人・行方不明者6人となる大惨事となった。

御嶽山の噴火は、小規模だった平成19年以来7年振りであるが、御嶽山は、従前は、いわゆる死火山と思われており、昭和54年の噴火の際には「死火山大爆発」と報じられ、後述する活火山の定義の見直しにつながった。

御嶽山噴火災害の活動の様子
（写真提供：東京消防庁）

今回の噴火による犠牲者は、平成3年の雲仙普賢岳噴火（死者・行方不明者43人）を上回り、大正15年の十勝岳噴火（死者・行方不明者144人）以後最大の規模となった。

火口から約1km圏内では、直径数cmから50cm～60cmの大きさの噴石が、最高時速350km～720kmで雨のように降り注いだと見られ、犠牲者の多くは、この噴石が直撃したことによる損傷死だったと言われている。御嶽山には噴石などを避ける退避壕は設置されておらず、噴火直後に、山小屋などに逃げ込むことができたかどうかが明暗を分けた。

今回の噴火は、地下水がマグマに触れ、蒸発した水蒸気が圧縮されたことによる水蒸気型噴火であった。9月10日には52回、翌11日は85回の火山性地震が観測されており、同12日に気象庁は「火山灰等の噴出の可能性」を発表したが、山の表面の膨張や火山性微動といったマグマの上昇を示すデータは観測されなかったことから、後述する「噴火警戒レベル」は、平常を意味するレベル1のままであった。

御嶽山は、日本百名山の一つであり、御嶽神社に代表される山岳信仰などで知名度が高く、標高は、活火山では富士山に次ぐ高さにもかかわらず、登山の難易度は比較的低いとされ、登山人気の高い山であった。また、紅葉の名所としても有名であり、当日は、土曜日で朝から天気は良好、まさに紅葉の見ごろであって、ちょうど多くの登山者が山頂付近に達した正午頃に

噴火警戒レベル（気象庁ホームページより）

種別	名称	対象範囲	レベルとキーワード		説明：火山活動の状況	説明：住民等の行動	説明：登山者・入山者への対応
特別警報	噴火警報（居住地域）又は噴火警報	居住地域及びそれより火口側	レベル5 避難		居住地域に重大な被害を及ぼす噴火が発生、あるいは切迫している状態にある。	危険な居住地域からの避難等が必要（状況に応じて対象地域や方法等を判断）。	
			レベル4 避難準備		居住地域に重大な被害を及ぼす噴火が発生すると予想される（可能性が高まってきている）。	警戒が必要な居住地域での避難の準備、災害時要援護者の避難等が必要（状況に応じて対象地域を判断）。	
警報	噴火警報（火口周辺）又は火口周辺警報	火口から居住地域近くまで	レベル3 入山規制		居住地域の近くまで重大な影響を及ぼす（この範囲に入った場合には生命に危険が及ぶ）噴火が発生、あるいは発生すると予想される。	通常の生活（今後の火山活動の推移に注意。入山規制）。状況に応じて災害時要援護者の避難準備等。	登山禁止・入山規制等、危険な地域への立入規制等（状況に応じて規制範囲を判断）。
		火口周辺	レベル2 火口周辺規制		火口周辺に影響を及ぼす（この範囲に入った場合には生命に危険が及ぶ）噴火が発生、あるいは発生すると予想される。	通常の生活。	火口周辺への立入規制等（状況に応じて火口周辺の規制範囲を判断）。
予報	噴火予報	火口内等	レベル1 平常		火山活動は静穏。火山活動の状態によって、火口内で火山灰の噴出等が見られる（この範囲に入った場合には生命に危険が及ぶ）。		特になし（状況に応じて火口内への立入規制等）。

噴火したことが被害を拡大させることとなった。

火山と噴火予知

平成15年に、火山噴火予知連絡会は「概ね過去1万年以内に噴火した火山及び現在活発な噴火活動のある火山」を活火山と定義し直し、休火山や死火山という分類はなされなくなった。

現在、活火山の数は110であり、予知連絡会からそのうち47火山が「火山防災のために監視・観測体制の充実等の必要がある火山」として選定され、気象庁は、それらの火山活動を24時間体制で常時観測・監視している。さらに、そのうち30火山については、火山活動の状況に応じて「警戒が必要な範囲」と防災機関や住民等の「とるべき防災対応」を5段階に区分して発表される「噴火警戒レベル」という指標が設定されている。

御嶽山も、この対象とされているが、噴火当時は、前述のように、「火山活動は静穏」というレベル1（平常）のままであり、レベル3（入山規制）に引き上げられたのは噴火後になってからであった。一般的には、火山の噴火は、数日前から震源の浅い火山性地震が群発するなどの前兆現象が見られるため、地震よりも予知がし易いと言われているが、今回の対応について、気象庁は「地震の回数だけで噴火の前兆と判断するのは難しい」と釈明している。

しかし、政府は、中央防災会議の専門調査会である防災対策実行会議の下に、有識者らによるワーキンググループを設け、住民だけでなく登山者を守る対策や避難体制の強化などを検討し、必要があれば、活動火山対策特別措置法の改正も視野に入れた火山災害時の対応の改善策を平成26年度内にまとめることにした。

いずれにせよ、我が国は火山国であり、そこに暮らす我々としては、噴火の危険と隣り合わせだということを常に忘れてはならないだろう。そして、山小屋などの備えが十分であるかが、再点検されなければならないし、登山者は、ヘルメットを始めとした装備にも留意する必要があろう。

救助・捜索活動

今回の噴火を受けて、消防、警察、自衛隊は、被災者の救助・捜索活動に着手したが、噴火が続く中、山頂付近は海抜３，０００m前後の急峻な場所であり、しかも、折からの台風第18号や第19号などによる雨で火山灰が粘土状になるなどのために多難を極めるものとなった。

消防に関して述べると、地元の長野県木曽広域消防本部や木曽町、王滝村の消防団、同じく岐阜県の下呂市消防本部や同市消防団を始め、両県の県内応援隊が活動を行ったほか、被災者の多かった長野県に対して、消防庁の要請によって、愛知県、静岡県、東京都、山梨県の緊急消防援助隊が派遣され、体制強化のため、さらに、岐阜県隊、富山県隊も投入された。

こうした懸命な活動にもかかわらず、降雪期を迎え、気温も氷点下となってきたため、長野県災害対策本部は、10月16日、救助隊員の二次災害の危険性が高まっているとして、行方不明者6人を残したまま、年内の捜索活動の中止を決定した。捜索再開の時期については、雪解け後、県警や地元消防が中心となって検討することとなったが、噴火警戒レベルが下がることも再開の条件とされているため、かなり遅れる可能性があると報じられている。

終わりに

本書は、消防庁長官を退官して半年後の平成25年4月号から27年3月号までの2年間にわたって月刊誌「近代消防」に連載した「消防・防災雑感 消防庁長官としての体験を中心に」という論稿に、大幅な加筆・訂正を加えたものである。月一回の連載物だったので、私の文筆能力の限界から、毎度、字数制限に悩まされ、十分に思いを誌面で伝えられなかったといううらみが残った。

このたび単行本にするにあたり、連載では省略していた部分にあらためて筆を起こし、また、詳しい説明を付け加えるなどしたために、加筆・訂正箇所はかなりの分量にのぼった。最終章では、昨年発生し、多くの犠牲者を出した広島土砂災害と御嶽山の噴火についても、私なりの感想を述べることにした。

今回、本書を執筆しながら、東日本大震災を始めとして、台風災害、集中豪雨、豪雪、霧島の噴火、竜巻、福山市ホテル火災、熱中症、鳥インフルエンザ、NZ南島地震、北朝鮮の砲撃・ミサイル発射など、私の在任中は、大規模で多様な災害や事故が頻発したものだとあらためて当時を振り返り、思いにふけった。

本書では、東日本大震災での消防の対応にかなりの分量をさいたが、自衛隊や海上保安庁は国、警察は都道府県というのに比べ、今ひとつわかり辛いきらいのある我が国の消防についても、その現状と課題について、できるだけ平易にお伝えしようと考えた。「はじめに」で述べたように、全国の消防防災関係者や消防庁・消防機関の現役の皆さんのみならず、一般の皆様にもわかり易いものにしようと心がけたつもりだが、浅学非才のため、上手くお伝えできなかったのではと危惧している。

最後に、渋る私に「近代消防」への連載を強く働きかけてくださった当時の岡崎浩巳消防庁長官、長谷川彰一同庁次長、快く誌面を提供するとともに単行本にすることを勧めていただいた近代消防社の三井栄志社長に心から御礼を申し上げたい。

また、ご多忙中にもかかわらず、連載に必要な各種の資料を提供していただいた横田真二総務省大臣官房総務課長始め消防庁の職員の皆さんや本書の校正を手伝ってくださった大庭誠司内閣官房内閣審議官、そして、連載中からずっとお付き合いいただいた近代消防社の遠藤智章さんに心から感謝申し上げる。

【著者略歴】

久保信保（くぼのぶやす）

昭和27年5月　福岡県に生まれる
昭和50年3月　東京大学法学部卒業
　同年4月　自治省入省
昭和55年4月　在オーストラリア日本国大使館一等書記官
昭和58年5月　消防庁危険物規制課課長補佐
昭和60年4月から広島県税務課長、財政課長、総務部次長
平成2年4月　自治省行政局行政課理事官
平成3年5月から広島県総務部長、教育長、副知事
平成11年8月　自治省行政局振興課長
平成13年1月から総務省自治行政局市町村課長、行政課長
平成15年1月　総務省大臣官房審議官
平成17年1月　総務省選挙部長
平成18年7月　総務省総括審議官
平成19年7月　総務省自治財政局長
平成22年7月　消防庁長官
平成24年9月　退官
現在　自治体衛星通信機構理事長
　　衆議院議員選挙区画定審議会会長代理

我、かく闘えり
東日本大震災と日本の消防
（消防庁長官としての体験を中心に）

平成二十七年三月一日　　第一刷発行
平成二十七年三月十一日　　第二刷発行

著　者　久保　信保
発行者　三井　栄志
発行所　株式会社　近代消防社
〒一〇五ー〇〇〇一　東京都港区虎ノ門二丁目九番十六号
（日本消防会館内）

ＴＥＬ　〇三ー三五九三ー一四〇一
ＦＡＸ　〇三ー三五九三ー一四二〇
ＵＲＬ＝http://www.ff-inc.co.jp/

振込＝〇〇一八〇ー五ー一一八五

ISBN-978-4-421-00862-3 C0030